华南师范大学教育名家系列文集

丛书主编　扈中平　李盛兵
丛书副主编　曾文婕　刘磊明

江月孙教育文集

郑　文　陈彦权　主编

广东高等教育出版社
Guangdong Higher Education Press
·广州·

图书在版编目（CIP）数据

江月孙教育文集/郑文，陈彦权主编．—广州：广东高等教育出版社，2024.9

（华南师范大学教育名家系列文集）

ISBN 978-7-5361-7674-4

Ⅰ．①江…　Ⅱ．①郑…②陈…　Ⅲ．①教育—文集　Ⅳ．①G4-53

中国国家版本馆CIP数据核字（2024）第104205号

书　　名	江月孙教育文集
	JIANG YUESUN JIAOYU WENJI
出版发行	广东高等教育出版社
	地址：广州市天河区林和西横路
	邮政编码：510500　电话：（020）87553335
	http：//www.gdgjs.com.cn
印　　刷	佛山市浩文彩色印刷有限公司
开　　本	787毫米×1 092毫米　1/16
印　　张	13.25
字　　数	240千
版　　次	2024年9月第1版
印　　次	2024年9月第1次印刷
定　　价	45.00元

如发现印装质量问题，请直接与印刷厂联系调换。

总序

历史是最好的清醒剂。铭记历史，才能开创未来。编写这套教育名家系列文集，不仅是为了庆祝华南师范大学90周年华诞，也是为了纪念对学校教育学科和国家教育科学的发展做出贡献的先贤们。

90年来，华南师范大学从无到有，至今成为我国"双一流"建设大学，成为我国教育强国建设的重要组成部分。1933年勷勤大学建立，设立商学院、工学院和师范学院，后者是华南师范大学的前身，在日本东京高师学习师范教育专业的林砺儒教授任院长。4年后勷勤大学改组，其师范学院独立设置为广东省立教育学院，后更名为广东省立文理学院，主要办理师范教育，培养中等教育师资，林砺儒先生任校长。由于高举师范教育的大旗，坚持办学的革命性和进步性，文理学院被称为"小延安"。1952年院系调整，在广东省立文理学院的基础上，并入中山大学师范学院、华南联大教育系、南方大学俄语系、岭南大学教育系、海南师范学院、南昌大学师范部地理专修科、广西大学教育系、湖南大学史地系地理专修科，九脉归一成立华南师范学院，师资力量不断壮大，为南方师范教育重镇。1982年华南师范学院更名为华南师范大学，1996年添列为国家"211工程"建设大学，2013年又转为"双一流"建设大学，进入国家一流大学建设行列，实现了华南师范大学几代办学人的理想。

与大学的快速、高水平发展相比，教育系、教育科学学院的发展更加出色，教育学科不仅是广东省的龙头学科，在全国也属优势学科。1935年教育系建立，1952年合并后的教育系名家荟萃，教授就有20多人，实力超群。1999年实体性合并教育系、心理学系、教育科学研究所、课程教材所和高等教育研究室，成立教育科学学院，实现了教育学科自1952年来的第一次整合，开启了跨越式发展的新征程。2000 年教育学原理专业博士学位授予权获批，2003 年教育学一级学科博士学位授予权及博士后流动站获批。教育科学学院于 2009 年成为教育部首批教育博士专业学位研究生培养试点单位，2010 年成为教育部专业学位研究生教育综合改革试点单位。教育学一级学科于 2013 年获评广东省重点攀峰学科，2015 年入选广东省高水平大学重点建设学科群"面向教育现代化重大需求的教育学科群"，2018 年入选广东省"世界一流学科建设"学科，2022 年成为广东省"冲补强"高峰学科。教育学科在教育部学科评估中列 A 类层次，在 2021、2022 年度软科学科排名中均居前 5%。教育科学学院已经建成高水平的研究型学院，在重大平台、重大课题、重大奖项和高层次人才上都实现了突破，并呈现出继续向好的势头。

学院和大学的发展，离不开一批批教育名家和优秀教师的汇聚、努力和付出。自教育系建立以来，林砺儒、高觉敷、罗浚、汪德亮、叶佩华、朱勃、杨荣春、邹有华、周德昌和李锡槐等众多名家、名师先后执教于此。教育学科亦因这些教育学名家而散发出生机、活力以及收获了良好的声誉。正是这些教育名家，带领着教育学科向更高水平发展。这些教育名家是学院发展、教师发展、学生发展厚重的精神财富，需要进一步铭记、学习与发扬。习近平总书记在 2023 年的教师节指出："教师群体中涌现出一批教育家和优秀教师，他们具有心有大我、至诚报国的理想信念，言为士则、行为世范的道德情操，启智润心、因材施教的育人智慧，勤学笃行、求是创新的躬耕态度，乐教爱生、甘于奉献的仁爱之心，胸怀天下、以文化人的弘道追求，展现了中国特有的教育家精神。"为了更好地弘扬和践行学院教育家的精神，教育科学学院组织编写"华南师范大学教育名家系列文集"，选择林砺儒、汪德亮、叶佩华、朱勃、杨荣春、邹有华、周德昌、李锡槐、陈汉才和江月孙十位先生的论文和著作节选，展现先生们的教育学术精神、思想和创造，泽被后学，增强年轻学者和学生的学术自信与"躬耕教坛、强国有我"的志向和抱负。这十位教育名家特点鲜明：20 世纪初出生的先生大都留学日本、美国，或毕业于中央大学、中山大学、北京高师等；50 年代后出生的学者没有出国留学，大都毕业于中山大学、华南师范学院。他们爱国、爱人民、爱教育，献身教育，潜心研究，在各自的研究领域独树一帜，在国内教育界影响较大。如林砺儒的师范教育思想和中等教育思想，叶佩华的教育测量统计理论，朱勃的比较教育思想，邹有华的教学论思想等。

期待教育科学学院能涌现出更多的教育名家以及具有教育家精神的学者、教师，期待这个系列文集会编得越来越丰富、越来越精深。

李盛兵

2023 年 11 月 1 日

序一

临近暑假之时，接到华南师范大学教科院为迎接学校90周年校庆，指定我主编江月孙老师文集的任务，一方面感到非常荣幸，作为江老师的学生责无旁贷，另一方面也深感不安，恐自己对老师的人生经历了解不多，学术思想理解不深，不能准确完整地呈现老师的学术成就。接到任务以后，立即着手带领研究生收集老师生前的论文、著作、图片，到档案室翻阅老师的档案，访谈一些老教师，从而对江老师的生平事迹、研究成果、学术思想有了基本了解。

1934年8月，江老师生于广东省连平县元善镇的一个中农家庭，先后就读于连平县的麻陂小学、东附城小学、元善小学，1946年完成小学阶段学业，1950年在连平县立中学（今连平中学）初三毕业。初中毕业后，江老师开始在连平县从事教育工作，当过小学教师，担任元善镇小学（今连平县第一小学）首任校长，并曾短暂在连平县人民委员会文教科工作，直到进入大学学习。

1956年9月，江老师进入华南师范学院（今华南师范大学）教育系学习，大学期间（1958—1960年）曾兼任华南师范学院附属小学主任（即校长）。1960年9月，毕业后留在教育系工作，任助教，先后担任教育系办公室主任、教研室副主任。1975年9月，任教育系党总支副书记兼系副主任。1980年1月，任教育科学研究所副所长。1986年1月，任华南师范大学教育系主任，直到1992年卸任（有待考证具体年份）。

1960年11月，江老师留校工作后不久就担任了广东教育学会常务理事兼副秘书长。1965年9月获讲师职称，1983年5月获副教授职称，1992年3月获教授职称。江老师对待工作非常认真负责，学术研究和教书育人方面表现优秀，早在1965年就获评"广东省文教系统先进工作者"（广东省劳动模范）称号，1982年获广东省高等教育局教学优秀奖。

江老师毕生从事教育学和教育管理学的教学和研究，在我国教育管理学科恢复重建的初期就积极投身学科建设和研究。1982年11月16日，中国教育学会批准成立全国学校管理研究会筹备组。1983年10月正式召开了全国学校管理研究会的成立大会及首届学术年会，并选举产生41名理事，江老师与萧宗六、齐亮祖、张济正等教育管理学界知名专家一起当选为首届理事会理事。全国学校管理研究会成立后，江老师积极筹备成立广东教育管理研究会。1984年，广东教育管理研究会成立，江老师任副理事长，后长期担任理事长。1988年，任全国教育管理学科专业委员会（1991年改为"中国教育管理学科学术委员会"）委员，后任副主任委员，在中国教育管理学科恢复重建、快速发展和理论繁荣阶段，江老师都是华南地区教育管理学界领军人物，直至退休。

江老师是华南师范大学教育管理学科的创始人，早在1988年就开始在教育学原理专业开设教育管理方向并招收首届硕士研究生，当时招生数量不多，两年招生一次，每次招收硕士研究生两名。我在1993年入学，是江老师的第三届硕士研究生。江老师为人低调、内敛、务实、平和，寡言而无争。他上课非常认真，虽然上课时只有两个研究生，但是他讲话声音非常洪亮，就像在大课室上课一样。在读研究生期间有几件事情，令我印象非常深刻。其一是参加党支部组织生活。按照学校规定，学生党员跟随导师参加所在支部组织生活。教工党员开展政治学习、思想交流，学生党员不用发言，系领导结合工作开展批评与自我批评，我印象非常深刻的是江老师有时会对系领导的管理工作提出批评意见，非常坦诚，大家也虚心接受，批评与自我批评的氛围非常浓厚，让我从研究生时代就开始真正感受到了党员同志关系的坦诚性、党组织生活的严肃性。其二是教育管理方向课程设置的调整。在1993年我们入学之初，教育管理方向的课程设置中是没有计算机相关课程的，临近毕业的时候，政府机关开始尝试使用计算机进行管理。江老师敏锐地发现计算机对未来教育管理的重大影响，虽然我们都没有接触过计算机，但还是由计算机本科毕业的赵敏老师开出一门计算机在教育管理中的应用课程，要求我们学习C语言。对于一个文科生来讲，要学计算机尤其要学习计算机语言实在是太难了，最后我好不容易才完成课程学习。其三是江老师对教育管理研究前瞻性的把握。江老师的外语虽然不是很好,但也非常注意跟踪国(境)外教育管理研究的新动向。那个时候学习香港、台湾的教育管理比较多。我记得江老师送给我一本香港出版的教育管理学专著,即郑燕祥教授编写的《教育的功能与效能》,要我好好学习,以后要注意这个方面的研究。我如获至宝,因为那个时候内地还没有与这个方面相关的著作,对学校效能的研究几乎没有。受这本书的启发,在江老师的鼓励下,后来我的硕士论文选题就是《学校组织文化与组织效能的相关研究》,答辩通过后在学术刊物公开发表。因为我在学校文化研究方面有一些基础,后来也参加了江老师主编的学校管理学著作相关章节的编写。

江老师从20世纪80年代开始,一直到2000年9月退休,专注教育管理学,尤其是学校管理学的教学和研究,为研究生开设和讲授领导与管理原理、教育管理学原理、教育管理论著选读、教育管理现状研究、学校管理学专题研究、教育行政研究等课程,在《教育研究》《人民教育》《中国教育报》等全国性报刊发表论文50余篇,出版个人专著和主编专著教材11本。正式出版的著作有:《现代学校德育管理》、《学校管理学概论》、《现代教育行政学概论》(合著)、《普通学校教师管理》(合著)、《教育基本原理研究》(合著)、《教育学》(主编之一)、《简明教育辞典》(副主编)等,其中《班级管理学》获全国教育管理分会优秀论著奖,《以人为本的学校管理策略》获全国教育管理专业委员会优秀论文奖。江老师作为华南师范大学教育管理学科的创始人和华南地区教育管理学科的领军人物,有着诸多的学术贡献。

第一,积极开展教育管理学科的恢复重建工作。1978年党的十一届三中全会召开以后,我国进入了以经济建设为中心的历史时期,摆脱苏联模式和学习、引进西方现代管理思想方法,成为管理界的热点话题;教育事业的恢复和发展,也呼唤教育管理理论与实践研究,于是教育管理正规化和科学化提上了重要的议事日程。① 一批早期从事教育管理研究的专家学者开始组建全国性的学校管理学术组织。除在全国学校管理研究会成立时作为首届理事参与、牵头组织成立广东教育管理研究会以外,江老师还积极开展学校管理学研究。早在1980年,江老师撰写了《学校管理需要研究的几个问题》,这篇文章发表在《教育研究》1980年第3期。文章指出,经过"文革"前17年,中小学的管理工作积累了不少有

---

① 李保强,池振国,刘永福. 改革开放后教育管理学发展的阶段性成就梳理与反思[J]. 教育理论与实践,2009(11):15-20.

益的经验,现在经过3年的整顿,学校的管理走上了正轨,中小学的管理有下列重要课题需要研究:一是建立以教学为中心的管理体制,全面实施质量管理的问题;二是建立学校工作人员的岗位责任制问题;三是依靠教师办学实行民主管理的问题;四是学校领导班子的问题。虽然文章没有明确提出学校管理学和学校管理学研究对象的概念,但是对学校管理的重要研究课题提出了自己的看法。在1982年广东教育学会年会上,江老师提交了论文《试论学校管理学研究对象》,与萧宗六的《学一点学校管理学》(1982)和《学校管理学的教材建设问题》(1983)、张济正的《关于研究学校管理原则的若干问题》(1983)、张复荃的《学校管理学在我国的早期传播初探》(1983)、黄云龙的《学校管理学问答》(1985)等一样,都属于我国改革开放早期教育管理学学科苏醒与重建阶段最早一批有关学校管理学研究的论文。在这篇文章中,江老师对学校管理内涵进行了梳理,在阐述学校管理学的研究对象时,对学校管理学与教育学、学校管理学与学校管理工作、学校管理学与教育政策法规关系进行了分析,提出自己独到的学校管理学研究对象。1986—1992年,教育管理学进入正轨,进入快速成长阶段。1985年5月,中共中央印发《关于教育体制改革的决定》,这是中国教育史上一份非常重要的纲领性文件,也促进了教育管理学科的快速发展。这一时期,学者们编撰了大量的专业论著和拓展性成果,学校管理学的著作论文以及教育行政学的研究都取得可喜的成绩。在教育管理整体性意识研究方面,出现了少量研究论文和著作,江老师走在了学术的前列,1986年发表了《教育管理学的发展和当前我国研究的课题》。同期同类重要论文还有陈孝彬的《教育管理学研究中的方法论初探》(1987),韩延明的《国外现代新型管理理论及其对教育管理的启示》(1988),陈孝彬的《教育管理学"误区"初探》(1992)。这一时期也是江老师关于学校管理学和教育行政学研究成果的高峰爆发期:1989年在海南人民出版社出版了《学校管理学概论》,1990年在广东高等教育出版社出版了《现代教育行政学概论》(与陈德祥合著)。

第二,深入开展学校管理理论研究。在管理思想研究方面,江老师提出要实现学校管理思想的现代化,要用办现代化教育的教育思想和管理思想来指导学校的工作,其核心是管理的科学化。要重视人本主义管理思想,强调人在学校管理中的主体地位,既要调动人的主动性、积极性和创造性,更要通过育人为本的管理活动,来培养锻炼和提高学校成员的思想道德,发挥人的智力潜能和能力,达到全面素质的提高,这一提法颇有新意。至于管理思想形成的方式,江老师主张将总结我国教育管理实践经验和理论成果,与学习国外先进的教育管理思想理论和吸取我国历史上的优秀教育管理思想理论结合起来，探索形成有中国特色的现代教育管理思想理论；在目标管理研究方面，江老师对教育目标与管理目标的关系进行了深入分析，认为学校教育目标一般是指教育培养学生的目标，其主要指向是学生，制约着管理目标，管理目标为教育目标服务，但不限于为培养教育学生的目标服务，同时把教育培养学校全体成员作为自己的目标；在领导管理体制研究方面，他认为高效能、高效率的领导体制，应该是合理的组织结构和领导者个人良好素养的融合和统一。校长作为领导者，是学校管理的主体，具有管理的科学知识，具有相应的权力和权威，但更应该具有事业心、责任心。校长负责制作为一种责任制，也是一种分权的管理体制。在管理内容与方式研究方面，江老师主张建立以教学为中心，全面提高教育质量的管理体制和管理系统，并作为学校管理的关键问题。要实行创新管理方式，学校管理创新是要创造一种有效整合学校资源，提高学校管理水平的新范式。校长要成为管理创新的主体，学校管理创新的关键是学校的校长要有强烈的创新意识，有办好学校的使命感和奋发进取的价值取向。

第三，积极开展教师管理、班级管理和德育管理等专题研究。江老师认为教育质量的高低固然与教学管理制度体制、学生来源、教学设备等多种因素有关，但最直接、最主要的因素还在于教师，教师的教学水平和教学效果决定着教育质量的高低，教师是实现教育目标的关键。尊重教师的地位，尊重教师的劳动，是教师工作管理的基本指导思想。尊重教师就是要提高教师的地位，提高教师待遇，切实保障教师的合法权益，并认为提高教师待遇与提高教师素质是联系在一起的。教师的低待遇必然导致队伍的低素质。关于教师劳动的特点，江老师认为教师的劳动对象总的说来是正在成长中的青年一代，培养教育人是要通过一定的教育内容来实现的，教学内容及知识本身也成了教师劳动的对象，就是劳动对象的复合性特点，反映了教师劳动的复杂性。江老师认为教师劳动手段具有多样性，教师的完美的思想品格和言行一致的革命精神，就成为教师劳动中一种强有力的教育手段。关于德育管理，江老师认为要树立德育管理新观念，包括时代观念、开放观念、效能观念、全员管理观念。要把德育渗透到学校一切工作之中，学校的一切活动都要含有德育因素，各科教学是向学生进行思想品德教育的最经常、最基本的途径。这些思想与现在的"三全育人"、课程思政等观点非常一致。江老师还提出了班级效能的概念，认为班级效能与校外社会环境、学校内部环境、班级特性和班级管理者的素质密切相关。

从教育管理学二分为教育行政学和学校管理学来看，江老师更多的研究精力花在了学校管理学研究方面，学校管理学研究成果更为丰硕，集中体现在学校管理学著作的编写。该书最初于1989年在海南人民出版社出版，名为《学校管理学概论》，反映的是教育管理学科恢复重建和初步发展时期，该书是江老师学校管理学研究的成果。后来于1995年在新世纪出版社再版，改为《学校管理学教程》，补充了学校管理方法、学校公共关系、学校教育评价等三章内容。2000年3月该书转到广东高等教育出版社出版，名为《学校管理学》，江老师对全书的体例做了重大调整，章节内容做了很多补充，增加了学校管理人员、学生管理、学校管理技术、教学研究工作管理、美育工作管理、劳动技术教育管理和学校管理创新等专章，篇幅从24万字增加到34.5万字。该书出版后获得读者广泛好评，前后重印了8次，成为全国学校管理学界重要的代表性著作。

本文集是在江老师公开出版和发表的著作、论文（含未公开发表的会议论文）中选择部分重要内容编辑而成。根据内容特点，全书分为教育总体研究、教育管理学科建设研究、学校管理理论研究、教师管理研究和班级管理与德育管理研究五个部分。其中"班级管理与德育管理研究"是从《班级管理学》《现代学校德育管理》两本专著中选编部分章节而成。所选编内容基本遵照原文表述，仅对个别标点符号或明显错漏之处进行修正。

因时间紧迫，且资料不足，对相关人员访谈不够，加之本人能力有限，书中难免存在错漏，敬请读者批评指正。

郑　文
2023年8月

本序作者为惠州学院副校长，广东省高等学校教学管理学会会长，广东省社会科学研究基地"惠州学院粤港澳大湾区教育高质量发展研究中心"主任。

序二

缅怀华南师大教育管理学科开创者和带头人江月孙教授

1991年7月,我从华中师范大学硕士毕业,经过试讲、面试等应聘程序后,入职华南师范大学原教育系教育管理教研室,从此开始了与江月孙教授长达31年亦师亦友的交往历程。江教授温文尔雅、为人友善、勤于学问,颇有岭南人士既宽厚仁慈、又坚忍执着的风度。江教授也是我的硕士生导师董祥智教授在全国教育管理研究会里的同行朋友,所以,我一直尊称他老人家为江老师。概括起来,江月孙教授对教育事业、对教育管理研究、对教育管理学科建设的贡献主要体现在三个方面:一是对教育管理研究的贡献;二是对华南师大教育管理学科建设的贡献;三是对人才培养的贡献。

一、对教育管理研究的贡献

1978年3月全国科学大会召开后,我国迎来了"科学的春天",大学的各项研究也逐渐步入正轨。此时,江月孙教授已经年过40岁,但为了夺回失去的时间,他以极大的热情投入到了教育研究特别是教育管理研究中,在20余年的研究中,成为我国"文革"后最早的一批教育管理研究学者,并成为华南地区教育管理研究的代表。在此,我以江月孙教授的几本典型书籍为例,来谈谈江月孙教授对教育管理研究的学术贡献。

1989年，江月孙教授的《学校管理学概论》（海南人民出版社）是国内比较早期的学校管理学教材著作之一。20世纪80年代，我国学校管理学研究开始繁荣，学者们出版了一批学校管理学教材著作①，有代表性和影响较广的主要有华中地区华中师范大学萧宗六教授于1988年出版的高等学校文科教材《学校管理学》（人民教育出版社）；华北地区北京师范大学陈孝彬教授于1985年出版的《学校教育管理科学》（光明日报出版社）；华东地区有华东师范大学张济正、吴秀娟、陈子良于1984年出版的《学校管理学导论》（华东师范大学出版社），福建师范大学张萍芳教授于1986年出版的《学校管理与系统控制》（福建教育出版社）；东北地区有哈尔滨师范大学齐亮祖于1985年出版的《普通学校管理学》（辽宁教育出版社）。而华南师范大学江月孙教授的《学校管理学概论》作为华南地区的代表填补了我国南方学校管理研究的空白。这些教材著作从不同视角丰富和繁荣了我国的学校管理学研究。如萧宗六先生在中学工作了近30年时间，从教师兼教研组长、班主任，一路成长为学校领导干部，后来又在华中师大教育系和教科所任"双肩挑"干部，"是从实践中滚过来的"，他采用总结法和比较法来撰著体现中国特色、指导我国学校管理实践的《学校管理学》，把自身多年的学校管理经验条理化、系统化，上升为指导我国学校工作实际的理论。又如，张济正先生主编的《学校管理学导论》试图探索和构建学校管理的理论体系，不仅告诉人们学校管理应该怎样做，而且告诉人们为什么要这样做。再如，张萍芳教授的《学校管理与系统控制》则试图借助控制论、信息论、系统论的基本观点和基本原理来分析、完善和科学化学校管理学科。还有，齐亮祖先生提出学校管理"3+1"模型和学校管理过程的五大基本原理，首倡学校经营论。而江月孙教授的《学校管理学概论》以我国学校管理的实践为基础，借鉴国内外管理科学的先进的理论方法，是在多年教学实践中摸索、总结和提升出来的适用于学校管理学课堂教学的一项科研成果，较为系统地阐述了学校管理学的基本概念、原理和方法；书后附录中的学校行事历、学校每周会议活动总表、考试质量典型分析表等，为我们洞察那个年代的学校管理实际活动提供了原始材料。1995年，江老师在修改和增补的基础上再版了该书，更名为《学校管理学教程》（新世纪出版社）。

江月孙教授于1990年出版的《现代教育行政学概论》（合著，广东高等教

---

① 赵敏. 学校管理学教材体系的缺失与重建[J]. 课程·教材·教法，2004（4）：68-74.

育出版社）和《现代学校德育管理》（广东教育出版社）从广度和深度上拓展和完善了教育管理研究，如果说《现代教育行政学概论》将学校管理研究拓宽到教育行政管理研究的话，那么，《现代学校德育管理》则开始聚焦学校管理中一个一个具体的管理问题，进行深入的挖掘和研究。这两本书均属当时国内在各自领域的首批教材著作。特别是《现代教育行政学概论》的出版，标志着江月孙教授的研究已基本覆盖教育管理研究的全部领域。当时，国内只有孙绵涛教授的《教育行政学概论》（华中师范大学出版社）等少数教育行政学教材著作。时任广东省政协副主席王屏山在序言中评价该书的特点：第一，该书既具有完整的科学体系，较全面论述了教育行政学各个领域的主要问题，又对一些重大理论和实践问题进行了较深刻的分析，有不少独到的见解，做到既全面又有重点。第二，既紧密结合中国实际，又介绍了外国的理论和实践。特别是紧密结合我国现处的社会主义初级阶段，研究教育行政管理的基本原则、管理体制、组织机构、教育法规、教育人事行政等重大问题，又适当地介绍了苏联和资本主义国家的教育行政的科学理论和先进经验。特别是对教育督导、教育评价、课程行政等问题有较详细的介绍。第三，本书既分析了当前教育行政的理论和实践问题，同时还根据社会发展、科技进步和有关理论研究的动向，提出了有关问题的发展趋势。本书收集的江月孙教授解读《关于建国以来党的若干历史问题的决议》中的教育方针和政策的《新时期教育工作的指针》一文，也显示了江老师在20世纪80年代初期对教育管理问题的关注和研究。

至此，江月孙教授成为名副其实的南粤教育管理研究的开创者和带头人。

二、对华南师大教育管理学科建设的贡献

党的十一届三中全会后，全国教育科学研究逐渐恢复，华南师范大学也逐步成立了教育科学研究所和教育系。1980年，江月孙教授开始聚焦教育管理研究。1981年4月，江月孙教授作为南粤地区代表出席了在福建福州举行的全国教育学研究会第二届学术年会，会议期间，萧宗六、齐亮祖、郭福昌、张萍芳、宋载铭、杨国杰组成"教育行政与学校管理"六人筹备组，酝酿成立全国学校管理研究会。1983年10月，江月孙教授参加了在西安举行的，经中国教育学会批准正式成立的全国学校管理研究会成立大会暨首届学术年会。被否定25年的"教育管理学"学科终于获得新生。1987年，全国学校管理研究会正式更名为中国教育学会教育管理研究会，江月孙教授为理事。

与国家教育管理学科的复苏相匹配，江月孙教授积极建设华南师范大学教育

管理学科，亲任教育管理教研室主任，后来在担任系副主任和主任期间更是注重教育管理学科的建设，教研室力量不断扩充。在江老师的领导下，华南师范大学教育管理本科专业获得教育部正式批准，于 1988 年开始招生，并逐步形成全日制本科、函授本科和自学考试本科等多种办学形式。江老师亲自挂帅主讲学校管理学、教育行政学等课程，积极进行课程改革与建设。特别是学校管理学是教育管理专业（师范类）的一门专业基础课和必修课，江老师高度重视，不但撰写多篇学术论文讨论课程建设问题，而且吸纳和培养当时只有讲师职称的我参与课程讲授和建设。在江老师的努力下，1993 年，学校管理学课程被评为华南师范大学校级优秀课程，是最早被列入学校重点建设的课程之一。1997 年 4 月，学校管理学的建设成果获华南师范大学教学成果奖二等奖，成果名称为"学校管理学学科建设的改革与实践"。

1996 年，经国务院学位委员会批准，华南师范大学教育经济与管理专业获得硕士学位授权点，可授予管理学或教育学硕士学位，江月孙教授为硕士点第一任导师指导组组长。此后，华南师范大学教育管理研究逐渐在教育管理与领导、教育法规与政策、教育人力资源管理、教育经济学等方向产生研究成果和影响，面向国内和港澳地区招生，为教育行政部门和学校以及其他管理机构培养高级专门人才和管理研究人才。1998 年，按教育部学科目录，"教育管理"本科专业改名为"公共事业管理专业（教育管理方向）"。

由于有了江老师身体力行的前期学科建设成就和基础，此后，华南师范大学教育管理学科获得了较好的发展。2003 年，华南师范大学教育经济与管理专业获批博士学位二级学科授权点（当时全国同批仅三家），形成了从本科、硕士点到博士点完整的人才培养体系；2004 年，华南师范大学将教育管理学科调整到当年新成立的公共管理学院，同时，本科专业公共事业管理划入非师范类专业。2005 年，教育经济与管理专业的学科建设成果获广东省高等教育教学成果奖一等奖，成果名称为"教育经济与管理专业系统化建设的理论与实践"；2012 年，华南师范大学教育经济与管理和行政管理、社会保障专业一道获批广东省省级公共管理重点学科。2019 年，华南师范大学教育管理专业的衍生专业公共事业管理专业入选广东省首批省级一流本科专业建设点，并于 2021 年入选国家级一流本科专业建设点。

三、对人才培养的贡献

正如江月孙教授自己所写的人生感言"人生易老耄耋来，半个世纪育人才；

勤奋敬业座右铭，知足常乐心怀开"，江老师1960年从华南师范大学教育系毕业留校任教，到1996年成为华南师范大学教育经济与管理专业硕士点第一任导师指导组组长，几十年如一日坚守在教书育人的第一线，为各级教育管理部门和各级各类学校培养了不少研究人才和管理人才。这里，我以自己的亲身经历和耳濡目染谈谈江老师对我的影响和培养。

1. 教学上扶我上路

我刚进华南师范大学教育系教育管理教研室时，是教研室唯一的青年教师，江老师和教研室主任王新如副教授不仅关心我的生活，而且积极扶助我在教学和学术研究上成长。我进来第一个学期就接手了本科课程"管理学"的教学。江老师和王老师要求我每一节课前把讲稿拿给王老师审阅，我照做，第一个学期的教学任务顺利完成。当时，老师们都住在校园里，方便我去江老师家拜访请教，江老师夫妇总是热情地接待我，江老师会跟我分享他的最新研究，并且送我书籍。江老师送我的亲笔签名的4本书我一直珍藏着。

2. 学术会议上交流提高

江老师和我的硕士生导师董祥智教授均是中国教育学会教育管理研究会早期的理事成员，每年的学术年会江老师都带我去参加，这是当时我作为大学教师唯一的进修提高机会。后来我也成为全国教育管理研究会的理事，2012年换届后成为中国教育学会教育管理分会第六、第七届委员会副理事长，这与我一直参加研究会的活动，几乎没有缺席过一次有一定关系，也与江老师对我的一贯培养分不开。记得1995年10月，我与江月孙教授夫妇一起到西南师范大学参加中国教育学会教育管理研究会学术年会，会后从重庆坐船回程，经过长江三峡时还留下了一些珍贵的照片。

3. 科研上助我提升

1995年10月，江老师、王新如老师和我三人各负责一篇，共同完成的《班级管理学》，由新世纪出版社出版。《班级管理学》分三篇，江老师负责撰写原理篇，包括：对班级管理的基本认识；班级管理的目标方向性原理；班级管理的科学规律性原理；班级管理的民主爱生性原理（第一至第四章）。我负责撰写职能篇，包括：班级管理的计划职能；班级管理的组织职能；班级管理的养育职能；班级管理的控制职能（第五至第八章）。王新如副教授和陈影玲讲师负责撰写工作篇，包括：班集体的形成、巩固、发展与管理；班级的智育与管理；班级的德育与管理；班级与学校、家庭、社会教育的协调与管理；班级的个别教育与差异教育（第九至第十三章）。全书由江月孙教授和王新如副教授负责编审和统稿。这是江老师带我完成的第一本著作，也是我第一次单独撰写长达6万字的专业著作。2000年，《班级管理学》获中国教育学会教育管理分会优秀著作奖。

2000年，江老师再次带领我完成了我人生中第二本教材著作的撰写和出版，这就是至今仍然在市场流行的《学校管理学》（广东高等教育出版社，2017年版）的前身。当时参加该书撰写的还有：黄崴教授、郑文研究员、王清平副编审。由江老师和我任主编并负责全书的统稿、定稿。2000年3月该书出版后获得了读者的一致好评；当年7月该书第二版再次印刷5 000册，此后该书连续印刷8次。2008年6月，根据形势的发展，教育管理改革的深入，我们以我国学校管理的实践为基础，借鉴国外管理科学的先进理论与方法，吸取国内新的研究成果，探讨学校管理理论和实际问题，在原书的基础上做了重要修改，增添了许多新的篇章，出版了《学校管理学新编》（广东高等教育出版社），该书也连续印刷4次。两本学校管理学教材的出版产生了较大的社会反响，对后续学科的建设、评估起到了很好的支撑作用。2019年华南师范大学公共事业管理本科专业入选首批"广东省一流本科专业建设点"，2021年获评国家一流本科专业建设点，2022年华南师范大学政治与公共管理学院公共事业管理专业在"软科中国大学专业排名"上获得等级A的评价，这一切学科荣誉的获得江老师功不可没！

星霜荏苒，当岁月渐渐流逝，华南师范大学教育管理学科的归属经历了合并、拆分、再合并、再拆分……的发展历程，当我们不仅为教育管理学科究竟应该放在哪个学院而纠结，而且也为教育管理学科应该研究什么，学校管理活动属不属于教育管理学科的研究内容而困惑的时候，当我们无法查到华南师范大学教育管理教研室具体何时成立，当我们不太清晰自己的学科是怎样来的，我们如何能正确定位自己的学科，我们又怎么能回答学科向何处去的哲学拷问？……面对这一系列问题，我们重温江月孙教授的研究成果和研究历程，能不能从中得到一点启示？

为了写好这个序，我尽可能收集了有关江老师的各项信息，2021年6月28日上午，江月孙老师还在为庆祝中国共产党成立100周年教育科学学院召开的入党30、40、50周年老党员座谈会上代表老党员在会上发言。2022年9月10日，江老师还兴致勃勃地与前来祝贺教师节的他的研究生们聚餐。2022年12月，正当全国疫情解禁，全民阳前、阳中和阳后时，江老师悄然地离开了我们，没有葬礼，甚至连去世的消息我们也是事后才获知。"悄悄的我走了"，"不带走一片云彩"。今天，江老师文集的出版是我们对他老人家最好的纪念和补偿！

江老师把他的一生献给了他热爱的教育事业，献给了华南师范大学，献给了教育管理研究和学科建设事业。江老师永远活在我们的心中！江老师的研究成果永远留在教育管理研究和学科建设的历史长河中，成为那个时代的印记和代表！江老师的精神永存！

赵　敏
2023 年 8 月

本序作者为华南师范大学公共管理学院教授，全国教育管理研究会副理事长。

序三

想念江月孙老师

这两天在翻阅学会一些历史资料时,有几次"江月孙"3个字跃入了我的眼帘。这是个多么熟悉的名字哟!触景生情,江月孙老师那可亲可敬的学者形象,立刻浮现在我的面前。

我突然感到我是在想念他了!

江老师是华南师范大学教育系教授,曾任广东教育管理研究会理事长。我与他是在专业学会中共事而结缘的。1983年成立全国学校管理研究会时,我与江老师就常有联系。1987年学会更名为中国教育学会教育管理研究会时,我俩共同参与专业的活动就更多了。正是学会的工作和活动,让我们相识相知,成了好朋友。

江老师是个具有高度责任心的人。他是极具名望的学者,又是学校院系主任,还肩负全省教管学会的组织领导工作,平时是很繁忙的。尽管如此,每次学会的会议和活动,他都尽职尽责,如期参加。学会向他做问题咨询时,他不仅积极参与,而且提出的意见往往让人印象深刻。我记得在这些活动中,他大都不轻易开口,更不会高谈阔论,而总是耐心倾听,独自思考,然后提出自己的意见。他话语不多,经常都是言简意赅地直奔主题,几句话就阐明了问题真谛。这是很不容易的。他对工作如此严肃认真的态度和处事一丝不苟的作风,给我留下极深的印象。

江老师虽然是位知名学者和行政领导，但他平易近人，没有一点架子。他说话言语平和，相处随和可亲；为人宽厚仁慈，待人亲切友善。跟他在一起是一种愉快，让人有如沐春风之感。在学术活动中，他也从不张扬，而总是保持着谦虚谨慎、敏于学习的态度。除提交自己的论文外，他总是习惯于倾听各种声音，从不匆忙轻率发表意见。可是一旦发言，往往是观点鲜明而不拖泥带水，重在说理却不强加于人。如此温文尔雅、大智若愚的学者之风，受到士林学人的赞赏。

江老师比我年长一岁，算是我的兄长。在多年的相处中，他关心我、爱护我。他对我的支持和帮助，我是很感谢的。尤其要感谢的是，他一直善待我的学生，对我的学生视作他的学生一样予以关心和帮助。当我的学生到广东访学、向他求教时，都得到他热情的接待和耐心的指导。其中对赵敏的帮助，更是突出的范例。赵敏是我1988级的硕士生，是当时华中师范大学教育管理硕士生中唯一理科出身的学生。她学思敏捷，执着勤奋，视野开阔，潜力难量。江老师慧眼识珠。1991年当赵敏硕士毕业时，江老师就来信点名要她。就这样，赵敏成了华南师范大学的教师。在江老师的扶持和帮助下，赵敏继续着自己前进的步伐，一再实现了自我超越，在教学和科研中取得突出成就，终于被评聘为教授、担任博导，成为专业学术带头人和知名学者。江老师这种悉心提携青年、扶持后学的宏大气度，着实堪为现代人师、我辈楷模。这就是我特别要感谢他的地方。

现在江月孙老师驾鹤西去快有一年了。可他那高风亮节的学者风范，却仍在辉耀杏坛，激励着学术青年的一代又一代！

我永远记住月孙兄的好！

我会永远想念江老师的！

董祥智

2023年8月10日于华中师范大学桂子山

本序作者为华中师范大学教育学院退休教授。

目 录

001　第一章　教育总体研究

003　　以"三个代表"重要思想为指导坚持教育创新
007　　新时期教育工作的指针
012　　略论教育管理体制改革的若干问题
019　　加强和改革我省普教管理工作的几个问题
025　　三十春秋话今昔——献给我院三十周年校庆

031　第二章　教育管理学科建设研究

033　　试论学校管理学的研究对象
040　　教育管理学的发展和当前我国研究的课题
045　　对八十年代以来我国教育管理学发展状况的述评

057　第三章　学校管理理论研究

059　　关于学校管理问题的探讨
066　　学校管理现代化的探讨
072　　中小学管理创新初探
080　　对中小学实行校长负责制的几点看法

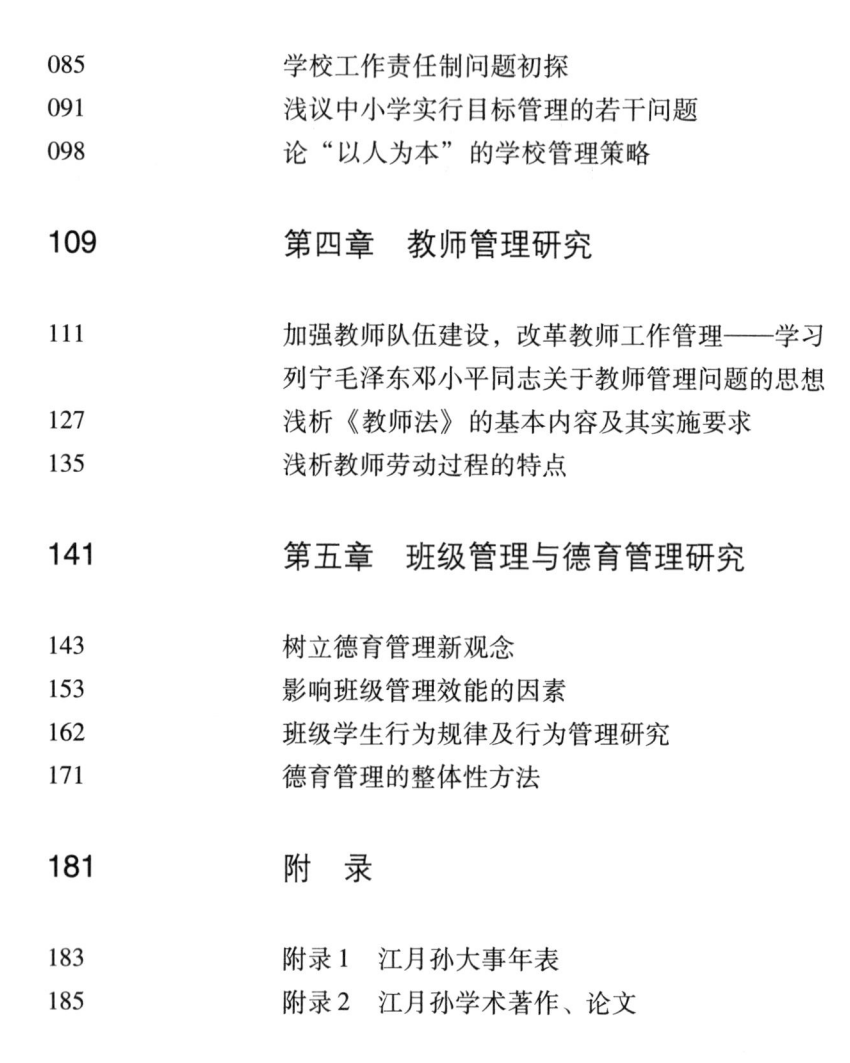

085	学校工作责任制问题初探
091	浅议中小学实行目标管理的若干问题
098	论"以人为本"的学校管理策略

109　第四章　教师管理研究

111	加强教师队伍建设，改革教师工作管理——学习列宁毛泽东邓小平同志关于教师管理问题的思想
127	浅析《教师法》的基本内容及其实施要求
135	浅析教师劳动过程的特点

141　第五章　班级管理与德育管理研究

143	树立德育管理新观念
153	影响班级管理效能的因素
162	班级学生行为规律及行为管理研究
171	德育管理的整体性方法

181　附　录

183	附录1　江月孙大事年表
185	附录2　江月孙学术著作、论文

第一章　教育总体研究

以"三个代表"重要思想为指导坚持教育创新

江泽民同志在党的十六大报告中对全面建设小康社会开创中国特色社会主义事业新局面,从指导思想、目标方向、路线方针、政策举措等多个方面都作了系统论述和深刻的分析,是 21 世纪初期(前 20 年)全党全国各项工作的行动指南,其中对发展文化教育事业也为我们指出了前进的方向。我认为,在教育方面,概括起来就是要以"三个代表"重要思想为指导,坚持教育创新,深化教育改革。这就是新时期教育工作的历史使命。

近年来,江泽民同志多次指出,创新是一个民族进步的灵魂,是一个国家兴旺发达的不竭动力。他对教育创新也有重要论述,把教育创新提高到与理论创新、制度创新、科技创新同等重要的地位,成为实施科教兴国战略的重要途径。我们每一个教育工作者都要为教育创新贡献自己的力量。

按照党的十六大报告的精神,我体会以"三个代表"重要思想为指导坚持教育创新,要做好三个方面的工作。

一、大力发展教育事业

党的十六大报告指出，教育是发展科学技术和培养人才的基础，在现代化建设中具有先导性全局作用，必须摆在优先发展的战略地位。这是因为在 21 世纪人才竞争已经成为社会一切竞争的基础和关键，教育是国家未来竞争力的基础。在 21 世纪，教育已由社会和经济发展的后台走到了前台，教育对社会和经济的发展起到了先导性作用。在信息时代培养高素质人才的教育事业是现代社会的支柱，已经成为各国竞争的对象，我们要在国家竞争中取得优势，就要大力发展教育和科学事业，认真把教育办好，把它放在优先发展的战略地位。

发展教育，要求国家建立起完善的国民教育体系，也就是要建立一个大教育系统。一个国家的教育系统关系到这个国家构建未来的竞争力的基础，教育在增强国家的综合国力，提高民族的自信心、竞争力和创新力方面起着关键作用。要提高全民族的素质，就要有一个大教育系统。大教育系统包括完善的学校教育系统和完善的全民性的终身教育系统。大教育系统把幼儿教育、中小学阶段的基础教育、特殊教育、职业教育、成人教育、高等教育、老年教育、休闲教育都包含在里面。有了这样一个完善的国民教育体系，就有可能实现"形成全民学习、终身学习的学习型社会，促进人的全面发展"的伟大目标。

教育事业要发展，还要加大对教育的投入和对农村教育的支持，要鼓励社会力量办学、发展民办教育。没有民办教育的发展，仅靠国家提供教育经费，高中教育的普及、职业教育和高等教育要有大的发展是不可能的。国家还要完善对贫困地区和贫困学生进行资助的政策和制度。只有这样才能保证广大青少年享受到应有的教育。

二、努力提高教育质量，培养创新型人才

江泽民同志在北师大 100 周年庆典讲话时指出，进行教育创新首先是教育观念要创新，教育制度也要创新。强调教育创新的根本目的是要推进素质教育，全面提高教育质量。

要全面推进素质教育，造就数以亿计的高素质劳动者、数以千万计的专门人才和一大批拔尖创新人才，就要全面贯彻教育方针，坚持教育为社会主义现代化建设服务，为人民服务，与生产劳动和社会实践相结合，培养德智体全面发展的社会主义建设者和接班人。我们要在重视科学技术教育、文化知识教育的同时，

继续加强德育，特别是要大力弘扬和培育民族精神，切实加强爱国主义教育。有的人错误地认为，现在讲经济全球化、讲与国际接轨，好像爱国主义民族精神就不应强调了。我们要认识到经济全球化并不等于国家全球化，经济的疆界被淡化了，而政治的疆界和主权却不能没有。民族精神是一个民族赖以生存和发展的精神支撑，一个民族没有振奋的民族精神和高尚的品格不可能自立于世界民族之林。我们还要坚持以为人民服务为核心，以集体主义为原则，以诚实守信为重点，以爱祖国、爱人民、爱劳动、爱科学、爱社会主义为基本要求，全面贯彻《公民道德建设实施纲要》，大力倡导"爱国守法、明礼诚信、团结友善、勤俭自强、敬业奉献"的基本道德规范和行为准则。

坚持教育创新、培养创新型人才，就要转变教育观念，改革教育内容。我国有优秀的教育传统，但也有一些陈旧的教育观念不符合时代的要求。传统教育观念认为，教育就是把人类已有的知识、经验和道德传递给后一代，使他们成为老一代所期望的人。实际上，这是一种面向过去的教育价值观，这种教育观念已经统治了人类教育达几千年之久。而在信息时代"知识爆炸"现象的出现，要求教育必须面向未来。过去的知识和现在的知识都不可能很好适应未来发展的需要。如果说人的一生所需要的知识总量为100的话，那么，学校教育期间（包括小学、中学、大学）所能够给予他们的只不过是20%，其余80%的知识要靠继续教育来获得。所以学生在校期间学校给予他们的，对其一生来说应该是最有价值的东西。对于人的未来而言，什么是最有价值的知识呢？那就是学会学习、学会生存、学会与他人合作、学会做人的知识和能力。教育的重点是开发人脑资源，使学生聪明地学、聪明地做。

为使学生能学习到最有价值的知识和能力，必须改革课程和教材。教育部门和学校一定要进行课程创新，加大校本课程开发的力度，坚持社会科学和自然科学并重的原则，建立起新的课程和学科体系，编写新的高质量的教科书和教材。

坚持教育创新，就要改革教学方法和培养人才的模式。在全球化的背景下，国际竞争是创新思想的竞争，是智慧的竞争。谁拥有比较多的创新人才，谁就能够在未来的竞争中成为赢家。中国教育在国际教育竞争中能否成为赢家，是值得认真对待的。杨振宁先生说过，中国传统教学方法重演绎、推理，按部就班，严谨认真，但缺乏创新意识。而美国的教学方法重归纳、分析和渗透、综合，是一种"体验式"的教学方法，其长处在于学生的独立思考能力强，易于较快地进入科学发展的前沿，但缺点是根基不够扎实。有的学者在欧洲各国进行考察时发现，欧洲学校的教学质量没有我们高，但是那里的学生毕业后的创造能力比我们强。这是为什么呢？这恐怕不是学生来源质量问题，而是学校的培养方式、教育教学方法有问题。所以我们要提高学生的素质，就必须创新我们的教学方法和教学模式，这样才能培养出创新型人才来。

三、切实提高管理水平

党的十六大报告提出要提高教育质量和管理水平，提出要加强教师队伍建设，提高教师的师德水平和业务水平。这些都是深化教育改革的重要内容，是对广大教师和教育行政、学校管理人员提出的迫切要求。我们要在学校管理和教师队伍建设方面有新的思路、新的举措，力求有所突破、有所创新。

提高管理水平才能提高教育质量和取得最大最好的办学效益。现代的教育和学校管理有不少新的理念。在教育主管部门与学校的关系上，提出了以校为本的校本管理理念。其主要精神是教育主管部门将管理教育的权力逐渐下放给学校，赋予学校更大的权力和自由，学校依法按自己的意愿和具体情况决定资源分配、财政预算、课程设置、教科书选择、人事安排等方面的方案和改革措施，从而达到优化学校教育资源、提高办学质量的目的。在学校内部管理中，在处理人与物的关系上，提出了以人为本的人本管理理念。其主要精神是指学校各种资源中的人是一种不同于物的资源，不能把人与其他物质资源同等看待。以人为本的管理，强调尊重人，强调人在学校管理中的主导地位，强调管理工作为人民服务以及调动人的主动性、积极性和创造性。通过人本管理来培养、锻炼和提高学校成员的思想品德、发挥人的智力潜能和能力，使人达到全面素质的提高。在管理工具手段方面提出了信息化标准管理的概念和技术。教育部去年9月份公布了学校管理信息标准。它涉及我国各级各类学校，内容覆盖学校管理的方方面面，完全能够满足我国各级各类学校管理信息化建设、各级教育行政部门的需求以及学术与教育行政部门信息资源交流与共享的需要。这将有效地提高教育和学校管理水平。

加强教师队伍建设，提高教师的师德和业务水平，这是一个具有现实针对性的问题，也是一个具有长远性的战略意义的问题。教育要为社会主义建设服务，为全面建设小康社会发挥应有的作用，就必须建设一支数量足够、素质优良的教师队伍。在这方面我们要有新的机制和新的举措才能把它做好。

（原载《教育管理与督导》2003年第2期）

新时期教育工作的指针

中共中央发布的《关于建国以来党的若干历史问题的决议》(以下简称《决议》)明确提出了"坚持德智体全面发展、又红又专、知识分子与工人农民相结合、脑力劳动与体力劳动相结合的教育方针",是重申了党在教育方面一贯的基本主张,是在新的时期里对党的教育方针作出的新概括和新表述。这个方针是新时期教育工作的根本指针,是我们进行一切教育教学工作的出发点和归宿。我们要认真学习、全面贯彻《决议》规定的教育方针。

《决议》是从建设社会主义物质文明和精神文明的高度,在充分肯定教育科学文化和知识分子在现代化建设中的地位和作用的基础上,重新表述党的教育方针的。很明显,建设具有两个高度文明的社会主义现代化强国,需要大批又红又专的人才,同时又要提高工农群众及其他劳动群众的社会主义觉悟和文化科学知识、生产技术水平。这就需要通过各种途径和形式,使全体人民和青少年都受到教育。特别是要加强和改善思想政治工作,用马克思主义世界观和共产主义道德教育人民和青年。从这一点来说,《决议》规定的教育方针不仅适用于各级各类学校教育,而且也适用于社会教育、在职干部教育、工农业余教育、学前教育和家庭教育。它实际上是党和国家教育全体人民和青少年的方针和总目标。学校是专门从事有计划、有目的地培养人才的场所，因此，这个教育方针对学校教育就具有更为直接和重大的指导意义。

教育方针是教育工作的总的指导思想和行动纲领。《决议》规定的教育方针，反映了新的历史时期对教育工作和青年一代的要求。新的历史时期的总任务是，在坚持四项基本原则的基础上团结起来，同心同德地建设社会主义现代化强国。社会主义现代化强国固然不能没有高度的物质文明，但没有社会主义高度的精神文明，也是不可想象的。青少年一代的世界观和道德风貌如何，将决定我们国家的方向、命运和前途。我们要充分认识到教育不仅是建设物质文明的基础，更是建设精神文明的基础。要高度重视教育在建设精神文明中的作用。因此，我们要坚定不移地用马列主义毛泽东思想武装青少年，使他们成为建设社会主义物质文明与精神文明的主力军。

《决议》规定的教育方针，贯穿着毛泽东同志关于我们的教育方针"要为青少年设想"的精神，适应了青少年身心发展的规律。青少年学生正处在长知识、长身体的时期，也正处在思想品德、行为习惯和世界观逐渐形成并迅速发展的敏感时期。这个时期他们的成长如何，将对他们的终生有着重要的影响。只有使他们在德智体诸方面都得到生动活泼的主动的发展，才能成为社会主义高度的物质文明和高度的精神文明的创造者，也才能自觉地按照社会主义社会原则的要求，享用社会主义的物质文明和精神文明，真正成为享受文明幸福的人。

《决议》规定的教育方针，从人的素质上反映了社会主义社会的特征，同马克思主义关于人的全面发展的思想一脉相承。在私有制的社会里，特别是在资本主义大工业生产的条件下，由于剥削制度和不合理的分工，造成人的片面发展，知识分子与工人农民相脱离和相对立，脑力劳动与体力劳动相脱离和相对立。马克思主义创始人针对资本主义大工业造成人的片面发展的状况，创立了关于人的全面发展学说。他们认为，随着私有制的废除和公有制的确立和发展，全体社会成员将获得全面发展。他们确信，在生产高度发展的共产主义社会里，既需要也能够培养出全面发展的人。这种全面发展的人，既摆脱了资产阶级权利的狭隘思想，具有共产主义的道德风貌和劳动态度，又有高度发展的、广泛的才能和志趣，在脑力与体力上得到充分的自由发展和运用。社会主义社会是共产主义社会的低级阶段。在社会主义的条件下，虽然还不能培养出共产主义的全面发展的人，但它是要向这个目标进发的。而共产主义全面发展的人的成长，也需要一个历史的过程。《决议》一方面要求提高体力劳动者的社会主义觉悟和文化科学水平，另一方面要求受教育者和广大知识分子坚持德智体全面发展、坚持又红又专和两个结合，使他们成为既是新型的知识分子，又是新型的劳动者。这正是从我国社会主义的实际出发，朝着共产主义远大理想前进的一个实际措施，反映了造就共产主义全面发展的人的方向和历史过程，具有现实的和深远的意义。

《决议》重新概括的教育方针，其所包含的各部分内容，各自有其独立的意义，彼此之间又互相联系、互相渗透，构成一个完整的整体。它不仅规定了培养新人的基本规格和要求，而且指明了新人发展的根本方向和道路。

过去，人们对党的教育方针理解不一，贯彻时也常有偏差。《决议》总结了以往的经验教训，重新表述了党的教育方针，给我们作出了正确的结论和统一的尺度。通过学习《决议》及其规定的教育方针，使我们进一步明确了几个基本问题。

其一，全体学生德智体全面发展是社会主义的教育质量观。衡量一间学校教育质量的高低，其根本标准是看其是否使全体学生在德智体诸方面生动活泼地主动地得到发展，而不只是看它的升学率高或培养了几个尖子。一间学校即使升学率较高，如果不少学生在德智体诸方面处于落后状态，那也不能说这所学校是办得好的。如果连那几个尖子都变成"小老头"，只有书本知识而缺乏分析和解决实际问题的能力，甚至对四项基本原则怀疑或反对，只顾个人的前途出路，对祖国的前途、人类的理想漠不关心，那么，这样的学校应当说是办得不好的。因此，我们必须面向全体学生，按照德智体全面发展的要求和教育教学的规律来进行工作。德智体几方面的发展是互相联系、互相制约、同步进行的。在正常的情况下，任何一方面的发展都会促进其他方面的发展。在反常的情况下，如果某一方面的发展受到损害，则同时也损害着其他方面的发展。同时，由于事物发展不平衡规律的作用，学生在德智体几方面的发展又常常出现不平衡的现象。这就要求我们从保证全体学生德智体全面发展的全局出发，来安排具体的教育教学工作，实行因材施教。过去有时出现的那种厚此薄彼、顾此失彼、左摇右摆的现象亟应避免。

其二，又红又专是无产阶级的人才观。又红又专、德才兼备，是党对各级干部和各类人才的一贯要求，也是人才培养工作中必须遵循的基本原则。今天，科学技术日新月异，在这样的情况下，我们要进行"四化"建设，要求建设人才必须要专，这是显而易见的，也已为人们所理解和接受。但是，我们不能因此而忘记甚至否定红的极端重要性。它是无产阶级人才的灵魂，是区别无产阶级人才与资产阶级人才的根本之点。红就是坚持正确的政治方向，能对一系列原则问题保持正确态度和言行一致的作风。这里核心是坚持四项基本原则，具有全心全意为人民服务的思想和高尚的道德情操。在红与专的问题上，过去有些同志以为只要有革命热情便一通百通，不注意钻研业务；或者倾向于重专轻红、只专不红。

近年来，这种情况似乎又出现了。有些同志以为在"四化"建设的条件下，专就是红，或者认为专才吃得开、红不红无所谓。因而思想政治工作削弱了，思想政治修养放松了。有的人甚至公然贩卖资产阶级的人才学思想，鼓吹要淘汰"红"的概念，从"德"的标准中抹去拥护党拥护社会主义，宣扬资产阶级的成才之道。由此可见，端正人们对红与专问题的认识，批判资产阶级的人才观，牢固地确立无产阶级的人才观，是非常必要的。在党已经确立了正确的政治路线以后，现代化建设的成败就取决于我们是否有宏大的、又红又专的干部队伍和知识分子队伍。因此，我们必须坚持思想政治工作是一切工作的生命线的原则，加强和改善思想政治工作，用马克思主义世界观和共产主义道德教育人民和青年，坚持党的教育方针，抵制腐朽的资产阶级思想和封建残余思想的影响，克服小资产阶级思想的影响，发扬祖国利益高于一切的爱国主义精神和为现代化建设贡献一切的艰苦创业精神。

其三，知识分子与工人农民相结合、脑力劳动与体力劳动相结合，是知识分子不断进步的根本道路。《决议》明确肯定知识分子同工人、农民一样是社会主义事业的依靠力量，充分肯定知识分子在社会主义建设中的作用，这无疑是非常正确的。但这并不意味着知识分子可以不再实行上述的"两个结合"了。在社会主义还存在三大差别的情况下，知识分子作为主要从事脑力劳动的劳动者，要在思想上和业务上不断进步，真正发挥自己在革命和建设中的巨大作用，就必须如恩格斯所指出的那样，一定要同从事体力劳动的工人、农民兄弟，"在一个队伍里肩并肩地"战斗，互相学习，取长补短，使自己在"两个结合"中，通过学习马克思列宁主义毛泽东思想、学习社会和工作实践树立无产阶级世界观。这"两个结合"的实质，是要求知识分子树立全心全意为人民服务、首先是为工人农民服务的思想感情，提高认识世界和改造世界的能力。这就要求学校教育必须坚持教育与生产劳动相结合、理论与实际相结合的原则，加强劳动教育，按教学计划的规定，切实组织学生参加生产劳动。那种片面强调以学为主，或者为了片面追求升学率而取消生产劳动的做法，是不符合党的教育方针的。

过去，把知识分子说成"臭老九"，认为他们是消极的被改造的对象，只能接受"再教育"，并以降低知识分子的文化科学水平的办法来实行所谓的脑体结合。这是在"两个结合"问题上的"左"的偏向。近年来则有人把知识分子摆在工人农民之上，好像"四化"建设只靠知识分子独力承担，唯有脑力劳动高尚，而工人农民和体力劳动则微不足道，无能为力，否定"两个结合"的必要性。这是在"两个结合"问题上的右的偏向。两个偏向都有损于知识分子与工人农民的团结，也是妨碍知识分子的进步的。《决议》总结了过去在两个结合方面的经验教训，从方针的高度上，明确肯定知识分子必须坚持这"两个结合"，这就摆正了知识分子与工人农民的关系、脑力劳动与体力劳动的关系，澄清了在这一问题上的模糊的和错误的认识，使青年学生和知识分子能够在新的历史条件下，沿着正确的道路和方向，迈着坚定的步伐继续前进。

《决议》表述的教育方针和教育必须为无产阶级政治服务，教育必须与生产劳动相结合的根本方针，其精神是一致的。教育的根本职能是培养人才。教育为无产阶级政治服务，从根本上说，是通过培养无产阶级所需要的人才来实现的。同样，教育与生产劳动相结合，其根本目的也是造就适应社会主义现代化生产需要的新型劳动者。离开了培养人才，教育为无产阶级政治服务便成了空话，教育与生产劳动相结合也就失去了意义。过去，教育方针的贯彻常常受到干扰。林彪、"四人帮"把教育作为他们篡党夺权的工具，怂恿学生放弃学业到社会上胡闹，鼓吹"头上长角、身上长刺""宁要没有文化的劳动者"，那就更是对党的教育方针别有用心的篡改和践踏。近年来，有些同志把上述种种问题归咎于教育方针本身，怀疑甚至否定"两个必须"的正确性，这是不对的。目前在实际工作中出现片面追求升学率，只注重书本知识的学习，忽视学生的健康，放松思想政治工作，忽视生产劳动教育的现象，是违背教育方针的。因此，我们不应该因为过去在贯彻时曾经发生偏差就怀疑、否定其正确性。《决议》中的教育方针抓住了教育的特点，从培养人的目标、方向和道路等方面作出明确的表述和规定，既体现了"两个必须"的精神，又给人以明确而完整的教育质量观和人才观，向教育者和受教育者提出了明确的要求。它不仅为教育工作者提供了准确的工作依据，而且也为社会各方面人士衡量学校工作提供了统一的标准和尺度。

我们深信，在党的领导下，在《决议》及其规定的教育方针的指引下，我们的教育工作必将做得更好。在建设社会主义高度的物质文明和高度的精神文明的崇高事业中，必将发挥更大的作用。

（原载《教育研究》1982年第2期，与李国拱合作）

略论教育管理体制改革的若干问题

教育体制的改革,主要包括教育结构的改革和教育管理体制改革两大方面的内容。教育结构改革要顺利进行并实现预定目标,必须有教育管理体制、管理思想、管理内容和管理方法的改革与之相伴随。一个科学的、合理的、符合我国实际的教育结构的建立,要求一个科学的,合理的、符合我国实际的教育管理体制。否则再好的目标和规划也不可能实现。

一、教育管理要适应社会变革和教育变革的要求

《中共中央关于教育体制改革的决定》明确指出,教育必须为社会主义建设服务,社会主义建设必须依靠教育。这是从历史唯物主义观点出发观察和处理教育问题的正确方针。在教育行政管理的业务指导思想上,必须克服为教育而教育,孤立地、封闭地办教育的指导思想,要牢固树立起使教育主动适应经济与社会发展的思想。

教育与国家的发展有密切联系。过去那种把教育的功能只看作是为了传递和保存文化,或只当作是单纯的学习知识,训练智力的观点,已被越来越多的国家所抛弃,人们越来越注意到教育与国家

发展的关系，不少国家都明确地把教育作为振兴经济和培养人才的基础。日本就公开提出，教育是立国之本。

在我国，办教育的指导思想应该说在理论上是明确的。但是，由于长期受"以阶级斗争为纲"的"左"的思想影响，过去只强调教育为阶级斗争服务，而不重视教育在发展经济、促进生产中的作用。近几年又出现了不顾国家经济和社会发展的需要，盲目地、孤立地办教育的现象。如在教育结构上，基础教育薄弱，国家经济建设急需的职业和技术教育没有得到应有的发展；高等教育内部的科系、层次比例失调，以及在教育思想、教育内容、教育方法上的不重视思想政治教育，片面追求升学率的倾向；课程内容陈旧、教学方法呆板，实践环节不被重视，专业设置过于狭窄等现象，从教育管理指导思想上说，都是没有牢固树立起教育必须为社会主义建设服务的思想的突出表现。

教育要真正为社会主义建设服务，教育行政管理部门的责任，就是要根据现代化建设的需要，改革教育体制和结构，彻底改变与社会主义建设脱节的教育体制，使教育能主动适应政治、经济发展的要求，更好地为现代经济的发展服务，为两个文明建设服务。要实现这一目标，就必须认真研究我国的社会变革和教育变革所带来的新形势。

（1）经济体制改革带来的新变化。主要是：经济建设的农轻重比例关系趋于协调；多种经济形式和经营方式有了新的发展；城乡之间由单一的产品交换转到共同发展第二、第三产业，广泛发展多形式、多层次、多成分的经济技术合作，已成为我国经济发展的重要趋势之一；农村产业结构向多层次产业结构演进，林、牧、渔、工、商等业得到很大的发展。这种已经发生和将会发生的经济体制和经济结构上的变化，要求教育体制、教育结构、教育内容和办学形式等作出重大的改革才能与之相适应。

（2）对外开放和"一国两制"政策带来的新变化。对外开放和"一国两制"，是中央根据国情所制定的战略决策。它的提出和实现必然给我国教育管理工作带来一系列新的课题。诸如教育目标、功能结构、思想教育内容和方法，对外交流等方面都要有新的决策和制定一系列切合实际的有效的管理制度。

（3）知识量的增长和科学技术的发展促使教育内容和教育手段的不断更新所带来的变化。当今世界知识量急剧增长，新科技的发展和应用，使工业社会正在转入信息社会。我们的教学内容要更新，教材要反映出现代科学文化的先进水平；我们要改变知识面太窄的情况，把打好宽广扎实的知识基础与掌握新的科学技术成就统一起来，增设新学科，培养学生综合各种知识来研究和解决问题的能力。教学内容的改革，教学手段的更新，在教材编写、教学研究、教师培训、校舍设备、教学仪器的研制和供应等方面的管理工作都提出了新要求。教育行政机关的咨询、服务效能要大大加以强化才能与之相适应。

（4）教育的含义观的扩大带来的变化。大教育观的确立，要求改变把教育始终局限于全日制学校里的传统观念。要大力发展各类型的教育，要逐步建立"终身教育"的体系。

上述各点，必然对我国的办教育的指导思想、教育制度和教育结构、教育投资、教育内容和方法产生重大的影响，其结果必然促进教育管理体制的变革。

二、建立统一领导与分级管理相结合的管理体制

所谓教育管理的统一领导与分级管理相结合，是指国家的教育方针、重大的政策法令，应由中央一级部门统一制定，各类教育的规划、管理则分别由中央和地方分级负责。这样做有利于调动中央和地方的积极性，改革不合理的教育管理体制。过去，我们盲目学习一些集权国家的做法，中央集权过多，管得过严，喜欢搞"一刀切"，这样做是不符合我国幅员广大、经济文化教育不可能平衡发展的实际情况的，因而是不利于搞活教育的。现代的教育，表现出社会化的特点，教育不只是国家和教育部门的事，它涉及社会各个方面，必须动员社会各方面的力量才能办好。长期以来，国家对教育采取包下来的办法，一方面助长了地方对国家的依赖性，另一方面又压抑了地方基层和群众办学的积极性。而更重要的是，这种管理体制也直接影响了培养人的效率和效益，不利于解决教育与社会政治、经济发展之间的矛盾。

世界各国的教育行政管理权限的存在形式，大致上可分为集权制与分权制两种主要模式。集权制的如法国和苏联，他们强调对教育实行严格的统一的国家管理；分权制的国家如美国、西德等，他们认为管理教育主要是各地方（州）的事务，中央政府不予干涉。不过，上述两种截然不同的形式，从20世纪中期以后都发生了演变，出现了集权制国家放松对地方教育管理权限的趋势，分权制国家则转过去重视加强中央对教育的领导和管理。这样就出现了各朝自己对立的方向移动的趋势。因此，出现了第三种形式，即集权与分权相结合，中央与地方合作的管理模式。

实行统一领导与分级管理相结合的教育管理体制，是发展社会主义教育事业，使教育更好地为社会主义建设服务的客观要求。因为：

第一，教育是国家的事业，发展和管理教育是国家的重要职能。教育对人才的培养和教育事业的发展，都要符合国家的要求。只有在教育的宏观问题，如教

育方针、培养目标、教育规划、干部政策等方面实行国家的统一领导，才能保证教育的社会主义方向和保持国家的教育质量水平。但是，我们国家地广人多，教育事业发展规模很大，如果在教育管理上过于集权，就会忽视地方特点，就会产生教育管理上的官僚主义，就会束缚地方和群众的手脚，影响地方办教育的积极性和主动性。

第二，可以使教育发展所需要的大量经费与国家对教育投资不足的矛盾逐步得到解决。发展教育事业需要大幅度地增加教育经费，但国家对教育的投资毕竟要受到经济发展水平的制约。如果在教育事业发展上国家包得过多，会给中央财政负担造成极大的困难。尽管中央对教育的投资会逐年增长，但也不可能满足教育发展所需经费的要求。纵观世界各国教育经费的来源，大致有：①由国家中央政府负担；②由地方政府负担；③由教会负担；④由社会团体和私人负担；⑤由学校的财产和基金的收入支出；⑥由受教育者负担等。比较普遍的是由中央和各级地方政府共同负担。在我国，除中央和各级地方政府逐年增加教育投资外，还必须充分调动城乡集体经济组织和其他各种社会力量办学的积极性，开征教育事业费附加，使教育所需经费由国家、地方、群众共同努力，才有可能解决。

第三，实行统一领导与分级管理相结合的管理体制，有利于教育切实为当地经济和社会发展服务。任何地区的经济和社会发展，都不能离开教育事业的发展和提高。各地要实现自己地区的经济和社会发展计划，就要重视教育的发展和规划，使教育为当地社会主义建设服务。而要做到这一点，就必须在地方分权管理的基础上才有可能。

实行地方分级管理教育，是一项比较复杂的工作，既有传统的教育管理思想的干扰，也有一系列的实际问题需要妥善解决和处理。所以除了要提高认识，统一思想外，还必须实事求是地处理好两个问题：一是在划分县、乡（镇）对农村中小学领导管理的职权范围时，应当考虑到有利于调动乡村办学的积极性，解决教育经费、改善办学条件等问题，也要考虑到有利于稳定教师队伍，提高教育质量。一般来说，县、乡（镇）政府的职责范围不同，干部水平和工作基础不同，他们对教育管理的范围、内容和程度也就应该有所不同。既要调动群众办学的积极性，又要使乡村群众能够承受；既要赋予乡（镇）政府管理学校教育的一定权限，又不能放弃县教育行政部门的领导。如普及九年制义务教育计划的制订，教育教学业务的指导，学校干部的任免，对教师的考核，职务评定与晋升，自然减员的补充，任用资格的确定，对教师跨系统、跨乡镇的调动以及培训进修等应由县一级管理为主，乡（镇）政府积极配合。二是在教育经费的筹集问题上，要根据国家有关规定，从本地实际出发，区别对待。在经济发展较好的地区，经济实力较雄厚的地区，多出经费办好教育是必要的和可行的；但在经济落后地区，其经济实力薄弱，强行实施"谁办学谁出钱"的办法是不行的。省、市、县各级政府对于经济落后地区必须给予重点扶持，使落后地区的教育经费也能得到基本保证和逐年有所增长。

三、健全教育法制，实行依法治教

重视教育立法，依法治教，是一切发达国家发展教育事业的共同特点。一个国家教育事业的发展只有教育管理真正走上了依法治教的轨道，才能达到科学管理和民主管理的水平，教育事业的发展和提高，才有一个稳固的基础。

过去，我们国家正式颁布的教育法律较少，一般多由教育部依据国家的方针政策制定一些条例、规程、制度等等。由于这些规定不是以法律形式公布的，加上各级人员的法制观念不强，不重视法治，崇尚人治，所以许多规定也没有执行，而是谁权大，谁说了算，政出多门，朝令夕改和违反教育规律的现象非常严重。因此，在我国加强教育立法，依据教育法规进行教育管理是一个既迫切又艰巨的任务。

首先，要逐步健全我国的教育法。教育法是一个系统，它由多方面内容和不同的层次所构成。教育法据其制定的权限大致可分为国家法规和地方法规两种。按照法规的内容分，则有与教育的根本法相关的法规，与教育制度相关的法规，与教育行政组织机构相关的法规，与各级各类学校工作指导方针和活动原则相关的法规，与学术科研相关的法规等；按照法规本身的指导性质，可分为基础教育法规、高等教育法规、幼儿教育法规，等等。有了健全的教育法规，利用法规进行教育管理，才可使教育事业建设做到有章可循、有法可依，减少主观随意性；可以使各类教育机构建立起更加理智、更加自觉的工作秩序；可以保障教育自身所必需的自主权利；可以充分使用它在思想教育方面的功能，培养人民群众和师生的法制观念。

在我国，把全面系统地制定教育法规的任务提出来，只是近年来的事。除了中央制定了一些教育法规外，全国各地区结合本地区的具体情况，也制定了一些地方性的教育法规。据对28个省、自治区、直辖市的统计，1984年至1985年，全国各地共制定并发布了41项教育法规、章程。其中省级人民政府发布的教育规章26项；省级人民代表大会或常务委员会审议发布的地方性教育法规9项；省委和省人民政府联合发布的规章或法规性文件6项。在这些法规中，属基础教育方面的28项，成人教育方面的6项，职业技术方面的4项，高等教育3项。

1986年各地制定教育法规工作又进一步展开,据不完全统计,1986年度计划单拟的地方性教育法规、规章共58项,其中属基础教育方面的41项,职业技术教育10项,成人教育4项,高等教育3项。

我国的教育立法虽然有了一个良好的开端,但离达到系统全面的程度还较远。以正式法律形式公布或与法律产生同等效力的教育法规还很少。从内容上看也不完整,如教育基本法、教育经费法、教师法、教育行政法、教育设施设备法这些极其重要的法规还未制定出来。这些重要的教育法应尽快地制定出来。

其次,要大力开展教育法规的宣传教育工作,提高有法必依、执法必严、违法必究的自觉性,真正实现依法治教。制定教育法是非常艰巨的任务,执行教育法更非易事。特别是在我们这样一个长期受"人治"传统严重影响的国家,轻视法律,有法不依的情况几乎成了一种可怕的习惯势力。但是,如果有法不依、执法不严、违法不究,那就等于无法。那些教育工作中腐败落后的现象,违反教育规律的现象,挪用和贪污教育经费的现象,侮辱、歧视甚至打骂教师的现象,歧视以致破坏职业技术教育的现象仍然得不到制止和克服,我们发展现代化教育事业的目标就不可能实现。所以在有了教育法规后,司法部门和教育行政管理部门就要在社会、学校、师生、党政干部和家长中开展广泛的宣传、学习和贯彻活动。这里特别重要的是教育行政管理部门本身要做学习教育法、宣传教育法、执行教育法的模范。

最后,实施教育法,要建立相应的监督机构,从组织制度上保证和监督教育法的贯彻执行。可以考虑在县级以上教育行政机关中建立教育法监督机构,或明确将这一职权赋予相应的教育督导机构。

四、简政放权,改进作风,提高教育管理的效能

我国宪法规定:"一切国家机关,实行精简的原则,实行工作责任制,实行工作人员的培养考核制度,不断提高工作质量和工作效率,反对官僚主义。"

首先,教育行政管理部门要克服事无大小什么都管而实际上又不可能管好的现象,要把主要精力放在做好教育发展的规划,加强对教育工作的宏观指导上来。

全面规划,加强宏观指导和管理,要求对不同类型、不同层次的教育事业的发展和教育质量的提高,有一个整体的目标和要求,要从大的方面、从总体联系上去指导和管理教育工作。

做好规划,是教育行政部门的重要职能之一,是加强对教育发展的宏观指导

的首要问题。我国各地区的经济、文化、教育发展是不平衡的，根据这种不平衡的实际，合理规划教育发展的类型、结构、专业、规模和速度，使教育事业的发展有一个扎实的基础，使一部分经济和社会发展快的地区的教育先发展起来，从而带动和支持其他地区教育的发展和提高。只有对教育进行全面规划才能对教育内部的相互关系进行恰当的调整和处理，形成合理的教育结构和布局，才能合理地利用各种教育资源，提高教育投资的经济效益。

当前，加强宏观指导还必须抓紧从体制上简政放权，扩大各级各类学校的办学自主权，逐步推行校长负责制，把学校应该有的又可以行使的权力坚决下放给学校，教育管理部门要减少行政指挥的职能，加强咨询、服务和评价的职能。此外，还要抓紧教师队伍建设工作，加强师范教育；端正教育思想，全面贯彻教育方针，把主要精力放在全面提高质量上来。

（原载《教育管理研究》1987 年第 4 期）

加强和改革我省普教管理工作的几个问题

我省的普通教育事业在近年有较大的发展和提高，但与我省经济社会发展的要求仍很不相适应。主要是中小学发展快而办学条件跟不上，从而影响教育质量的进一步提高；办学思想不端正，不能全面完成普通教育的"双重任务"；中等教育结构改革和职业技术教育发展缓慢，与我省经济结构改革的发展形势不协调。这些状况不改变，要进一步发展我省的经济将带来困难。而要改变这种状况，要做的工作很多，其中一个很重要的问题，就是要加强对教育事业管理工作的改革。下面就此问题谈几点看法。

第一，要制定一个与我省经济社会发展相适应的、切实可行的教育发展的全面规划。这个规划的制定，必须以"教育必须为社会主义建设服务，社会主义建设必须依靠教育"作为指导方针。要明确我省普通教育的战略发展目标，即到2000年甚至更长时间后所要达到的基本要求，要从教育的发展规模和速度、教育结构、教育投资、师资建设、管理人员的培训等方面做出全面规划和规定切实的保证措施。

做好调查和预测，是做好规划的前提。调查什么？主要是从制约教育发展的各项因素去调查，即人口因素、经济和社会发展因素、教育本身的因素。教育事业的发展与人口因素有十分密切的关系，这是显而易见的。教育受经济和社会发展的制约，为经济社会发展服务，使教育与国民经济其他部门的发展保持平衡，这是教育与政治经济相适应的规律的体现。教育事业的发展违背了这一规律，就会给教育事业本身以及经济社会发展带来危害。社会的经济结构的变化和发展，直接影响城乡的就业结构的变化，这些又直接影响教育结构、教育内容的发展和变化。教育要为经济建设服务，就要从培养目标、教育结构、教学内容等方面去主动适应。国家统计局最新的一份专题统计资料表明：我国农村劳动力就业结构，在最近五年开始发生显著的变化。到1985年为止的我国37 000多万农村劳动力中，从事第一产业的劳动力为30 300多万人，比1980年增长6.9%；从事第二产业的劳动力近3 900万人，增长73.7%；从事第三产业的劳动力达2 800多万人，增长1.35倍。这些情况的产生，是农村经济体制改革的必然结果。而这些就业结构的变化，又向教育事业提出了一系列的要求。制定教育发展规划不仅要充分考虑和适应这些变化的情况，而且要从就业结构的发展趋势预测出教育结构如何调整才能主动适应经济结构发展的要求，以此来规划中等教育结构的构成类型、比例和布局。如我省珠江三角洲经济开发区的发展与粤东西北山区的发展显然有其显著不同的特点，对教育也就有不同的要求。这些都是我们在制定规划时应该充分考虑到的。如果我们不考虑产业结构怎样，对今后的就业要求没有分析，只有一个笼统的估计数字，这样不可能有一个正确的最优的发展战略。至于教育本身的因素，主要是使教育的发展符合教育本身的规律，如普通教育的培养目标是什么？是进行智力的训练，掌握基础文化知识作为目的，还是为将来参与社会生活和经济活动做准备？又如我省教育结构如何改革？这些与招生方案、学制、教师需求方案等都有密切关系。

过去有人对教育事业发展规划的真实意义认识不足。认为教育规划大多不能执行，无什么实际意义，因而把制定规划只当作是一种"应景"的工作而已。他们只是坐在办公室根据上级要求推算出各种发展数字交差了事。上述这种认识和做法，是由于学期以来对教育事业的管理只强调政策和经验，习惯于搞政策、指令管理教育的结果。对教育进行科学管理，就要强调用科学的方法进行预测和规划。

所谓教育发展的全面规划，是指对在较长的一段时期内发展教育事业的主要目标和基本要求所作出的安排。其主要内容包括对各类教育发展的规模、速度作出的安排；各类教育的结构和布局的合理安排；提高教育质量的要求和安排；发展教育所需条件、保证措施的安排，如师资、校舍、经费、管理机构和管理人员培训的安排；等等。

第一章　教育总体研究

　　制定发展教育的全面规划的好处是很多的。首先，它符合地区发展不平衡的实际。我省各地区经济发展不平衡，根据这种不平衡的实际，合理规划教育发展的类型、结构、专业、规模和速度，是十分必要的。这样可使教育事业的发展有一个扎实的基础，使一部分经济和社会发展快的地区的教育先发展起来。其次，只有进行全面规划，才能对教育内部的相互关系进行恰当的调整和处理，形成合理的结构和布局。最后，有利于调动各地区、各部门的办学积极性。

　　做好教育发展规划的一个非常重要的问题是要提高各级领导对发展教育事业的认识。教育发展与经济社会发展是一种什么样的关系？从理论上看，目前存在三种不同主张。一是教育受经济制约，只有经济发展了，教育才能发展；二是教育发展应与经济发展同步，互相促进；三是教育应优先于经济发展，只有教育的发展才能带动经济的发展。究竟从理论上如何表述教育发展与经济发展的关系，无疑是需要进一步探讨的问题。但《中共中央关于教育体制改革的决定》中明确指出："发展教育事业不增加投资是不行的。在今后一定时期内，中央和地方政府的教育拨款的增长要高于财政经常性收入的增长，并使按在校学生人数平均的教育费用逐步增长。现在，各级都有一些领导干部，宁肯把钱花在并非必要的方面，对于各种严重浪费也不感到痛心，唯独不肯为发展教育花一点钱，这种状况必须改变。"这种现象在我省也同样存在。甚至有些主管经济工作的负责同志，对发展教育毫无热情，连中央的上述指示也不知道，对教育投资不是采取积极支持的态度。因此，要做好教育事业发展的全面规划，各级领导必须对教育在国民经济发展中的地位作用有一个统一的明确的认识。这里有两个问题要统一认识。一是发展教育是消费还是投资？当然，一般来说教育不直接出物质产品，不直接积累经济财富。从这个角度教育被看成是一种社会服务，所以就把教育投资看成是一种消费。但是，许多人认为这种看法是不妥当的。按照马克思主义的观点看，教育培养具有更高生产能力的劳动者，他能提高人们的生产能力。苏联经济学家斯特鲁米林总结出在国民经济发展水平较低时期受过四年教育工人的产值和工资比未受学校教育的工人的产值和工资高79%；一个经过九年学习的工人生产率比未受教育的高235%；受十四年教育的则高320%。这样，从个人观点出发，教育可提高经济收入能力，从国家观点看，教育可提供合格劳动力，增加生产，促进经济的发展。因此，教育应被看作是一种投资。二是教育是不是国家发展的动力？当然，国家经济建设事业的发展，关键是要依靠生产力的发展，但是，生产的发展不能离开教育，教育与生产是互相促进的。当代生产中，技术革新是发展生产的主要动力，而技术的革新与进步，基础在教育。特别要指出的是，我们是社会主义国家，发展社会生产力需要培养亿万有理想、有道德、有文化、有纪律的一代新人。因而可以说是教育促进了生产，教育是国家发展的动力。所以我们必须牢固树立社会主义建设必须依靠教育的思想。

第二，要改革和健全普通教育的管理体制。教育管理体制的改革，是整个教育体制改革的重要内容。管理体制对事业的发展起着重大的影响作用。只有管理体制恰当，才能发挥地方和各级教育管理人员办好教育的积极性，才能提高教育管理的效率。我国过去的教育管理体制的严重弊端，就是中央包得过多，统得过死，束缚了教育的发展和管理人员的积极性。

教育管理体制的改革，关键是处理好中央和地方的关系，实行统一领导与分级管理相结合的原则。当前世界各国在教育管理体制方面的共同问题是如何处理好集权与分权的关系。各国的实践都证明，完全集权的问题不少，但彻底的分权也不可取。按照我们的实际经验，还是要实行统一领导与分级管理相结合。这也是世界各国在教育管理体制改革中的发展趋势。为什么？主要有如下几方面原因。

（1）教育是国家的事业，学校教育对人才的培养要符合国家的要求。只有在教育的宏观问题上实行国家的统一领导，才能保证教育的方向性和保持国家的教育质量水平。但是，我们国家地广人多，教育事业发展规模很大，如果在教育事业发展上过于集权，就会忽视地区特点，就会产生教育管理上的官僚主义，就会影响地方办教育的积极性。

（2）由于教育事业规模大，如果在教育事业发展上中央包得过多，国家在财政负担上也会造成极大的困难。在我国，尽管中央对教育的投资会逐年增长，但也很难满足教育经费增长的要求。只有把发展基础教育的责任交给地方，教育所需经费由国家、地方、群众来共同解决才有可能。

（3）实行统一领导，分级管理的管理体制，有利于教育切实为当地经济和社会发展服务。任何地区的经济社会发展，都不能把教育的发展排除在外。各地要实现自己地区的经济社会发展，计划必须重视教育的发展和规划，使教育为当地社会主义建设服务。而要做到这一点，就必须在地方分权管理的基础上才能贯彻执行。

中央已经决定，把发展基础教育的责任交给地方，实行基础教育由地方负责分级管理的原则。近年来，我省在教育管理体制上进行了改革，取得了可贵的经验。特别是佛山、湛江等地的农村教育管理体制改革进展较快。概括起来，他们主要从五个方面进行了改革：一是下放权力，分级办学，分工管理；二是改革领导管理建制，县（区）成立教育委员会，领导全县（区）的教育工作，乡成立教育委员会，作为乡政府管理教育工作的机构；三是改革学校领导体制，实行校长负责制；四是改革人事制度，试行教师聘任制；五是改革财务管理体制，县（区）实行经费包干，一定五年不变。今后区发展教育事业所需增加的经费由区、乡筹集解决。他们的这些改革，已经带来了积极的效果，值得各地参考。

实行对教育事业的分级管理，关键是要明确划分各级的管理范围和权限。各级政府的职责范围不同，各级管理教育的内容和程度也应有所不同。对于学校干部的任免权、人事权、财政权等，不同级别的政权机关有不同程度的权力。中小学校长的任免权应集中在县一级教育行政部门；公办教师的调动，教师职务的评审与晋升不宜放到区、乡政府。所以不能完全实行谁办学、谁管理的原则。区、乡办的中小学，就有许多问题要实行县（区）、乡共管，或区、乡共管，而以县（区）管理为主的。划分管理权限范围的基本原则，是看各级所具有的管理教育的实际能力。无论是干部任免、教师的晋升、教育业务的指导等方面，目前看来，我省大多数的乡政权还缺乏应有的能力。就是经费负担和管理也要从不同经济发展水平的地方的实际情况出发，不能搞"一刀切"。只有从实际出发，进行合理的分权，才有利于教育质量的提高、教师队伍稳定和群众办学积极性的发挥。

至于学校内部的领导管理，还是实行校长负责制好。一般的情况不需再设校董会，以免与校长负责制相悖。如因特殊需要成立校董会的，应明确规定它只是一种咨询监督机构。

第三，要大力培训教育管理人员。现代的教育，需要掌握现代教育管理知识的人员去进行管理。教育管理人员的素质对教育管理的效能影响极大。随着教育事业的发展，教育改革的深入，对各级教育管理人员素质提出了一系列的新的要求。各级教育行政干部、学校校长，要掌握教育管理的科学理论和方法。外行固然不能领导内行，而具有丰富的实践经验，只懂得用行政手段管理教育的人，也不能适应教育发展和提高的形势要求。经验和政策是可贵的、重要的，但还不够，还必须掌握现代的科学管理教育的知识和技能。比如进行科学预测和决策的知识能力，教育规划的知识能力，教育统计、教育评价、教育视导的知识能力，等等。掌握了这些教育的管理知识和能力，才能实现教育决策和管理的科学化。近年来，我省和全国一样，在培训教育管理人员，特别是在培训中小学校长方面做了大量的工作，取得了不少成绩，但也还存在不少问题。如在培训对象上，对中小学校长的培训较重视，而对各级教育行政部门的干部培训很少。就是一些专门培训教育行政干部的班，干部培训专业与所从事工作脱节的情况很严重。广东行政管理干部学院的教育专科班，从 1982 年开始，每年招生 30～40 人，可是，其中约有三分之一的学员不是来自教育战线，真正来自教育行政机关的干部则寥寥可数。学员在学院学的是教育专业和教育管理知识，可是他们毕业回去后很多不是从事教育领域的工作，形成学非所用的结局。从 1986 年开始，行政管理干部学院取消了教育专科班。这样，教育行政干部的正规培训就没有去处了。校长培训与校长选拔也不一致，一些校长经培训后反被抽到党政部门去了。我认为，在教育部门也要建立先培训后任职的制度。随着教育事业的发展和提高对教育管理人员的正规培训是不可忽视且带有战略意义的一项措施，要引起省政府的高度重视。否则，就是规划订得再好，管理机构人员再多，也是无济于事的。因此，必须采取措施，建立和健全教育管理人员的培训机构和制度。要逐步做到对培训对象、培训时间、培训内容作出统一的明确的要求，以利提高培训质量。此外，我们认为有必要在华南师范大学教育系建立教育管理专业，作为培养我省各级教育管理人员预备力量的一个重要基地。这个专业现可招收四年制本科生，也可招收二年制专科班或一年制的培训班。这样，我省所需要的具有较高水平的各级教育管理干部就有了一个稳固的来源。

（原载《教育论丛》1986 年第 2 期）

三十春秋话今昔——献给我院三十周年校庆

古人曾说"三十而立",是很有道理的。试想,人交三十,正是妙龄华年,精神焕发,风华正茂。顾以往,各方面打下了坚实的基础;看今后,海阔凭鱼跃,天高任鸟飞,展现着大显身手的前景。这可是人生最有作为的时期。

人生是如此,我们的国家、我们的事业不也是如此吗?我们学院自1951年建校至今正交三十春秋,她现在也像一位三十岁的年轻人,经过了艰苦的斗争,走过了不平凡的道路,完成了各方面的发育和准备,坚强了,成熟了,显示出一派蓬勃向前的景象。

在以往的三十年中,我们学院不仅为国家培养了遍布我省城市、乡村、山区、平原的21 000余名毕业生,可以说桃李满天下了。现在这些毕业生在各自的工作岗位上,为培养祖国的花朵,为传播人类文化科学的种子,流汗水、熬心血。而且学院本身也有了巨大的发展,在校园建设、干部教师队伍的培养、教学经验、教材编写、科学研究、图书仪器设备等方面,取得了很大的成就,为今后进一步的发展打下了相当坚实的基础。在全国高等师范院校中,已成为一所规模较大、并享有一定声望和地位的学校。在我们省内,是力量比较雄厚的几所老校之一。可以想象,随着我们伟大祖国"四化"

建设的发展，今后必将以更大的步伐前进。

当然，这些成就并不值得夸耀。但是，我们学院是中华人民共和国成立初期建立起来的，它的一花、一草、一石、一木，都同中华人民共和国的历史进程紧密相连，她所走过的从无到有、从小到大的道路，从各个方面反映着我们的国家、我们的社会主义事业蓬勃发展的历史进程。

20世纪50年代的最初岁月，中华人民共和国成立不久，我们的事业开始草创，为了尽快培养一支无产阶级自己的知识分子队伍，满足亿万人民群众对文化教育的要求，中共中央华南分局和广东省人民政府便决定，在广州建立一所新的师范学院，这就是华南师范学院。华南学术界的老前辈、当时的省政府文教厅厅长杜国庠同志担任了第一任院长。

最初的华南师院由原中山大学师范学院、原广东文理学院、华南联合大学教育系合并而成，规模很小，校址设在石榴岗，校舍十分简陋，教职员工不过一百多人，学生有本科生、专科生，也有短训班，总共不过四五百人。不久迁到黄华路，校舍仍然狭窄，图书仪器严重不足，工作中困难很多。

1952年，国家为了改变旧有大学不合理的布局，对全国大专院校进行了院系调整，这时又有岭南大学教育系、广西大学教育系、南昌大学师范部、湖南大学地理系和海南师专的部分教师调到我院来。经过一番调整后，教职工增加了，专业也齐全了，招生人数也扩大了，原有校舍更加容纳不下了。这时南方大学完成了它的历史使命后被撤销了，我院便迁到原南方大学的校址，即现在的校址。著名哲学家、原南方大学副校长陈唯实同志接任了院长。原南方大学的一部分教职工也留下来，加入了我院的行列，继续开展工作。

南方大学校址的前身乃是为伪代总统准备的总统府，虽是拟议中的总统府，其实不过是几幢二三层的小楼和一部分平房，南方大学时期虽然建了一部分校舍，但仍然十分简陋，整个校园看起来，到处是草丛、荒丘，要在这里办一所新型的正规的大学，课室、实验室、办公室、图书资料室、宿舍、饭堂等都不够用，条件依然十分艰苦。但我们党和人民还处在困难时期，对教育的投资极为有限，师生们在老院长的带领下，主动为国家分担困难，继承延安革命学校的光荣传统，发扬艰苦奋斗的精神，在乱草丛中盖起了草棚木房，上课、开会、吃饭就在这草棚木房中进行。有名的草棚礼堂一直用到"文化大革命"的中期。经济生活困难时期，省委第一书记陶铸同志对青年学生作的《理想·情操·精神生活》的报告，就是在这礼堂里进行的。这座礼堂的舞台横额上，写着醒目的"实事求是"四个大字，体现着我党的马克思主义传统作风。这时的教职工宿舍十分拥挤，往往是一间房子用木板隔成几家。到市区参加群众集会，多是步行往返。学院领导和党政机关也都在几间小房子里办公。正是在这一过程中，培育了我院艰苦朴素和实事求是的校风。

院长陈唯实同志是身体力行的。他在任职期间，亲自给学生讲课、作报告，经常深入到课堂听课、到宿舍调查研究，解决问题，同教职工谈心交朋友。在生活上他总是先人后己，要求别人做的事，他总是首先自己做到。比如北区起了小批小楼，第一批盖好后，同志们分给他一套，他坚决不要，说要先照顾其他同志；第二批盖好后，有关同志又分了一套近一点给他，他又不肯要，后经同志们劝说，才拣了一座最偏僻的搬进去。步行到广州参加群众集会，他走在最前头，而且回来以后，他总是先到办公室工作。有一年"五一"国际劳动节，他带领全院师生到广州参加游行集会，往返步行二十几里回来，又马上带领大家到大操场割草，用实际行动来纪念劳动节，教育师生。难怪现在大家说起老院长，崇敬之情便油然而生。

社会主义事业在发展，国家给我院的经费逐年增加了。但艰苦朴素、实事求是的校风不仅没有丢，而且在新的历史时期内，使它增加了新的光彩。1957 年，王燕士同志接任了院长、党委书记。他同其他党政领导一起，领导全院师生，一面自己动手填泥塘、铲山头，植树绿化，改造旧有的面貌，一面按正规大学的要求，盖起了课室大楼、化学楼、物理楼、图书馆、资料室和一部分教工宿舍和学生宿舍。改善教学条件，扩充师资队伍，增添图书资料、仪器设备，使我院走上了迅速发展的道路。到"文化大革命"开始，全院教职工人数比刚成立时增加近 10 倍，达到 1 100 多人；学生也增加近 10 倍，达到 4 600 多人。在教学、科研、教材编写、政治思想工作等方面，取得了很大的成绩，积累了相当丰富的经验。比如 1954 年至 1957 年教育部委托部分院校编写高等师范院校的教材，其中有 17 种是委托我院编写的。1957 年，教育部举办了高等学校自编教材讲义流动展览，我院也有 17 种教材讲义参加了展览，还先后创办了内部发行的《华南师院周报》《华南师院学报》和公开发行的《中学数学》《中学历史教学》等期刊。在国内有了相当的影响和声望。1960 年，我们学院及附中双双被评为先进单位，出席了全国文教战线群英会，我院附小被评为区的先进单位，出席了区的群英会，当时称为先进的"一条龙"。

勤奋好学和服从分配是我院历届在校学生的特点。建校初期，条件艰苦，在草棚木房子上课，雨天要脚踩泥水，冷天要忍受严寒，暑天则要忍受酷热，但他们仍然以饱满的热情听课学习，研究问题，充满着生活的朝气。学院新的图书馆建成之后，借阅图书的学生络绎不绝，阅览室里座无虚席。为了能在阅览室里占个位置，许多学生未等开门便已在门口等候，直到下班铃催才肯离开。学生们尊重教师，经常三五成群访问教师，向老师们请教。师生之间互相帮助、互相关心的生动事例，层出不穷。

事实说明，我院的历届学生出色地完成了学习任务，一批又一批走上了工作岗位。

在他们走上工作岗位的前夕，每个人都可能遇到国家需要与个人志愿之间的矛盾。这是想避也避不开的。但历年分配的经验证明，在这个考验面前，他们作出了响亮的回答：服从国家分配，到祖国最需要的地方去。这已成为我院传统校风的一部分。已经毕业的21 000余名毕业生，根据革命工作的需要，遍布全省各地，现在大部分已经成为我省广大中学的教学中坚，不少人被提为市、县教育局局长、中学校长，还有一部分人成为高等学校的教师。我院本身的中青年教师，大半为自己培养。我省现有的师专教师，三分之一以上是我院的历届毕业生。

学生一届一届地毕业了，离开了，凝结着革命精神和革命传统的校风，也远传各地，开了花，结了果。特别是那些积极响应祖国的号召，长年奋战在边远山区、海岛的同志，不为名，不为利，为使广大人民享受教育，改变山区的落后面貌，忘我地工作，献出了自己的一切。这些同志更应当受到人们的崇敬和尊重。

"文化大革命"的破坏是人所共知的，这里不必多说了。粉碎"四人帮"以后，特别是党的十一届三中全会以后，我院为了恢复和发扬以往的传统校风，医治内乱留下的伤痕，并清除以往还来不及清除的陈迹，把我院办成无愧于祖国南大门的新型大学。以马肖云同志为首的现任领导，仍然以艰苦朴素和实事求是为本，一面大抓教学、科研，努力改善工作和生活条件，在短时间内，利用国家所给的有限资金，迅速建成了数学楼、历史楼、进修楼、研究生宿舍。而课室大楼、图书馆、中文楼、外语楼又扩建了，一座座的教工宿舍、学生宿舍盖起来了，但院领导的办公室还在原来的小楼内。有人曾想把马院长的办公室换间大点的房子，他坚决不肯。他多次说："工作做得好不好，不在办公室大小，摆阔气，讲排场，不一定就能做好工作。"

针对"文化大革命"所造成的破坏，认真落实了各项知识分子政策，对教研室、系两级领导进行了民主选举，把德才兼备、积极工作的同志选到各级领导岗位上来，并采取各种有效的措施，保证师资队伍的成长；又针对自由主义、无政府主义、资产阶级自由化等社会思潮的影响，大力抓了校风、校容、校纪等的整顿，振奋革命精神，克服软弱状态，建设社会主义的文明生活。后来校风、校容、校纪的整顿又与全市性的整顿治安管理、交通秩序、大搞清洁卫生结合在一起，带领全院师生改造校园、美化校园，清除各个死角的垃圾杂草，在校道、课室、办公室、图书馆、住宅区周围植树栽花，铺草种竹，使校园容貌焕然一新，更加美丽整洁了。

在医治了"文化大革命"所造成的创伤之后,华南师院迅速地发展了、前进了。同建校之初相比,教职工人数增加了近20倍,学生亦达到"文化大革命"前最高水平,教学质量不断提高,师资队伍迅速成长,近几年在全国高师通用教材的编写中,华南师院担任了其中的16种教材的主编。

为了加强科学研究,提高学院学术水平和学术地位,近几年来先后成立了教育科学、哲学社会科学、集成电路三个研究所和电化教育中心,分别承担了一部分国家和省下达的研究任务,各系还根据自己的优势和学业专长,分别成立了十几个研究室,积极从事教学和学术方面的研究。近年来,在船体放样、电化教育、离子交换树脂的合成和使用、微型计算机、水稻育种等方面取得了不小的成果,先后完成了70多个科研项目。有一部分教师先后出版了19种学术著作。《学报》《中学数学研究》《中学历史教学》《语文月刊》已经恢复和创刊,向全国发行了,还办了《哲学社会科学通讯》《教育论丛》等内部刊物,函授教育也恢复和发展起来,招收本科函授生1 600余名,编辑出版了各科函授通讯。

今天的华南师院校园,已经是大楼树立,绿树成荫,课室、办公室、图书馆、住宅区的周围,草坪如毯,花圃飘香,主要校道两旁的白玉兰和紫荆树,有的已亭亭玉立,有的早已绿荫铺地。如果你在春夏之交走进校园,玉兰盛开,阵阵清香向你扑面而来,表示最热烈的欢迎;至于紫荆树,更是常年挂红,什么时候都以它最美的姿态装点校园,迎接你的到来。

(原载1981年《华南师范学院校庆特刊》,与朱继琢合作)

第二章　教育管理学科建设研究

试论学校管理学的研究对象

近年来,学校管理学的研究,在我国教育理论界和教育实际工作者当中引起了普遍的重视,在报刊上也发表了许多理论性文章或管理学校的经验总结,更可喜的是一些学校管理方面的专著也陆续问世,这对学校管理学的研究和学校管理的实践无疑是会有很大促进的。本文仅就学校管理学的研究对象问题作如下议论,就教于同志们。

一

要探讨学校管理学的研究对象问题,首先得搞清楚,什么是学校管理。对此,有不同的理解。

有人认为:"学校管理有两个方面,即教学行政和事务行政","学校事务的管理和企业、机关的管理有共同的地方。学校行政是抓教学、教育工作,即抓学生德、智、体的培养"。

有人认为:"学校管理则是学校为了实现教育目的,科学地、合理地组织、使用人力、物力、财力,使学校工作持续、稳定、高效率地运转的过程。"

有人认为:"学校行政管理,主要是指学校行政领导合理地组织和使用学校的各种力量，有效地实现国家培养劳动后备力量和为高一级学校培养合格新生的目标的决策和实施。"

有人认为："学校管理，概括地说，就是对学校的教育、教学和后勤等活动进行管理。教育活动包含范围广，从广义来说，学校每一项活动都应具有教育性；教学任务是学校一切活动的中心；后勤是为教学、为师生服务的。只有把三者的管理统一起来，才是学校管理的完整概念。"

日本的久下荣志郎认为："学校管理的概念，包括为达到学校本来目的的一切行为，一般可分为物的管理、人的管理和经营管理。所谓物的管理，就是指对设施设备的维持、保全作用；人的管理是指对教职员的任免、服务、惩戒、监督等；经营管理包括班级编制、教育课程、校务分担、儿童和学生的管理等。"

上述所引的论述，对我们了解什么是学校管理都有启发作用。但有的只是指出了学校管理的内容或任务，没有对什么是学校管理做很好的理论概括，因而对学校管理这个概念的本质含义揭露不够；有的虽做了较高度的概括，但似乎不够完整。本人认为，学校管理的完整定义应做如下表述：学校管理是使学校沿着一定的方向维持学校按教育规律进行正常运转，使其获得不断发展和提高的手段。它是达成学校教育目标，提高教育工作效果的一种总体作用。其功能是对学校教育总过程的一切活动和资源进行计划、组织、指导和调节，以便实现全面提高教育质量的目的。

根据上述定义，可以看出学校管理的内涵包括下列要点。

（1）学校管理是使学校内部工作正常运转，获得提高的手段，它不是对整个教育事业的管理。

（2）学校管理是一种总体作用。它是从学校的领导管理者的角度，对学校总体工作进行的活动。它是面对全校性的工作、组织机构和所有的人员，而不是对学校的一个部门、一个班级、一个教师或个别学生的工作。即使它涉及部门、班级，一个教师或个别学生，也是从作为整个学校系统的角度去考察和处理的，它是从全面出发去进行具体工作的管理的。

（3）学校管理是一个过程。学校管理是对教育总过程进行的计划、组织、指导和调节。这种计划、组织、指导和调节的功能是学校工作有阶段性和程序性的一种表现。

（4）学校管理具有方向性。不同的社会和阶级对学校教育的要求是不同的，因而学校的运转是有明确的方向性的。我们办的是社会主义学校，我们的学校管理要坚持社会主义方向性，在坚持四项基本原则的基础上，使学校按教育规律进行正常运转。

二

由于对什么是学校管理有不同的理解，因而，对学校管理学的研究对象也就存在不同的认识，下列三种看法有一定的代表性。

有人认为，学校管理学研究的主要是教育行政机关、教学法研究机关以及校长与教导主任等的行政与组织方面的活动的各项问题。因此，其研究范围就包括学校制度、学校事业的管理、学校视导、普及义务教育的组织、学校预算、学校内部领导等。

有人认为，学校管理研究的主要是学校内部的管理。其范围包括对教育的活动的管理，对物资设备的管理，对教师学生的管理，等等。

有人认为，学校管理研究的主要是学校管理的原则、制度和方法，揭示领导学校、管理学校的规律，其范围包括学校内部工作的各个方面。

上述第一种看法，是把学校管理学、教育行政学、教育管理学都看作是同一的东西。20世纪初期，国外许多有关学校管理方面的著作都是包含教育行政与学校行政两方面的内容的。中华人民共和国成立前我国高校开设的教育行政课程也包含了上述两个方面。中华人民共和国成立后我国翻译的苏联师范教育"学校管理"丛书（福尔柯夫斯基、马立雪夫编）把学校管理看作是教育学的一部分"其目的在确定管理苏联学校事业的任务、内容和方法，并阐明学校的领导制度"。这样，其研究范围就是整个学校教育，包括国家各级教育行政部门对学校的管理以及受国家委托的校长对学校行政的管理。近年来，我国有人建议加强教育管理学的研究，其内容"包括各级教育行政机关的和各级各类学校的管理工作知识和行动的规律"。

第二种看法，强调把教育行政的概念与学校管理的概念分开，认为教育行政学主要是研究全国或某一地区的学校教育的管理，而学校管理学则主要是研究某所学校的教育行政。日本的安藤尧雄所著的《学校管理》认为学校教育行政与学校管理的区别就在于管理范围的大小不同而已，前者具有地区性，后者只限于一所学校，把由地方教育行政机构实施的称为"教育行政"，把由校长实施的称为"学校管理"。同时，他又强调指出学校管理有它自己独特的实践和研究领域，所以应该而且应该从教育行政学中分出来加以研究。

第三种看法的特点主要是在确认学校管理与教育行政是不同学科的前提下，提出学校管理学的研究对象是研究学校管理的原则、制度和方法，揭示领导管理学校的规律。这种主张是从建立学校管理学的科学体系出发的。这样会使学科对象更明确，便于对学校内部管理问题的深入研究，有利于使学校管理学真正成为一门独立的学科。

三

任何科学都是根据一定理论原理整理出来的知识总和。作为一门学科必须有自己的知识体系。不具有系统性的零散知识的汇集还不能称为科学，只有当有目的地搜集事实和描述事实达到能把相容的知识联合成一个统一的、系统的基本原理和规律，实现了知识规范化的目标，才可以称之为科学。科学作为一种知识，它与生活知识、经验知识不同，生活知识、经验知识只是对事物的正确反映和论述。科学知识不仅要正确反映和描述事实，而且要解释事实。因此，科学知识的特征又在于概括事实，找出带有规律性的认识，并对客观世界作出预见。作为教育科学和管理科学的门类之一的学校管理学，应当有自己的知识体系。它应是以教育学和管理学的科学知识作为基础，又不是它们的重复和简单相加。如果没有分清学校管理学与教育学的联系和区别，把它仅仅看作是教育学的一部分，势必导致与教育学研究对象的混淆。上面提到的苏联编的那套书范教育丛书"学校管理"就存在这个问题。过去我们有些院校编写的有关学校管理与领导方面的讲义，从其体系到内容都与教育学十分相似，只不过是从学校行政人员的角度去看问题罢了。无怪乎有人说，这不过是学校行政人员学习的教育学。还有另外一种情况是，忽视学校管理学科学知识体系的建立，只是把实践工作经验汇集起来加以描述，或只是把教育行政部门颁布的教育条例、规程等加以罗列、解释。这样的学校管理学缺乏理论分析，没有对管理学校的规律进行探索，没有把经验提高到理论高度去总结和分析，没有从管理学的角度去阐明条例、规程、政策的科学根据。一句话，就是没有对事实做认真的加工、概括，找出带有规律性的认识来。无怪乎又有人说，学校管理只是经验、只是政策，不是科学，认为只要了解政府颁布的条例、规程，有实践经验就行了。当前学校管理工作中存在的许多问题，其症结就在这里。

诚然，学校管理学的知识来源离不开教育学的理论，离不开教育政策法令和实际经验。但绝不应该把这些看作可以代替学校管理学的知识体系。学校管理学应当是在教育学和实际经验的基础上，运用现代管理学的理论来分析和解决学校管理中的问题，把它提高到科学理论上来认识，找出学校管理工作中的规律性来。

学校管理学与教育学既有联系又有区别。教育学研究的是学校这一组织体如何培养青少年一代的规律，而学校管理学则是着重研究学校管理者如何计划和部署学校的工作、如何组织各种力量（包括人、财、物）、创造条件以达成学校的培养目标。教育学研究的是教育活动的规律性，学校管理学研究的是管理教育活动、管理学校的人、财、物的规律性。因此，学校管理学一方面要把教育学的理论作为基础，另一方面，更加重要的方面是要研究管理学校的工作规律。离开了教育学的基本理论去谈学校管理，这种管理就会失去方向，忽视或违背学校教育的特点和规律，那肯定是一种错误的管理，达不到调动积极因素、提高教育质量的目的。但如果不着重研究学校管理工作的特殊规律，忽视其矛盾的特殊性，完全照搬教育学或教育规程和法令，学校管理学没有自己独立的研究领域，那就没有其存在的必要和可能了。

学校管理学与一般管理科学既有系又有区别。管理学研究的是一般的管理原理，而学校管理学则把管理学所阐明的管理规律、管理知识结合到学校管理工作的实际，阐明学校管理的原则和方法。一般的管理原理也是构成学校管理学的基础理论之一。之所以有这种可能，是由于管理过程所具有的普遍性所决定的。因为管理过程是一切有组织活动的一个不可缺少的特征。一方面，尽管各种组织具有各自不同的目标，但管理过程总是不变的。管理过程的共同性能使得不同行业的管理人员中的高度互换性成为可能。只要学习掌握了管理过程的基本理论，对从事各行业的工作管理无疑都是一个很有利的条件，是一个搞好具体部门管理工作的基础。从事党、政、企业部门领导工作的人，如果他掌握了管理学的基本理论，熟悉管理业务，一旦调到学校担任领导管理工作，是有管好学校工作的基础的。这说明学校管理学与一般管理科学是密切联系的。但是，另外一方面，我们更要看到一般的管理学与学校管理学又是有区别的。它是以专门研究学校教育总过程的一切活动如何进行计划、组织、指导与调节的，是专门揭示学校这一组织体的管理工作规律的。任何有效的管理都受职能融合性所影响。处于管理职务的人所履行的管理职能和其他职能两者应该区别开来。学校管理人员在执行管理职能时，一定要与学校的业务结合起来。不了解、不学习研究学校的教育、教学业务知识，要管理好学校是不可能的。所以不能用管工厂的办法去管学校，不能用管学校的办法去管军队。只有把管理职能与各部门的技术业务特点结合起来才能管理得好。要管好学校就要有学校的业务知识，就要研究学校管理的特殊规律。

马列主义、毛泽东思想是我们一切工作的指导思想，也是我们研究学校管理学的指导思想。学校管理学要研究学校管理的指导思想问题、管理原则问题。只有明确了管理学校的指导思想、管理原则，才能坚持管理的社会主义方向，使学校沿着社会主义的轨道去运转。我们学校的管理工作必须围绕着社会主义全面发展的教育方针去计划、去组织学校的一切工作。要根据在马列主义理论指导下所揭示出来的教育规律、党和国家制定的教育方针政策和上级教育行政部门的指示，从学校的实际出发，合理地组织和处理学校的人、财、物、事。

马克思对管理的社会性质问题有过极其深刻的论述，指出了资本主义的管理具有两重性质。这种两重性是由它所管理的生产过程本身具有两重性所决定的。资本主义生产过程，一方面是创造产品的社会劳动过程，另一方面是资本的价值增值过程。根据经济理论工作者的研究可知，马克思主义对管理的社会性质的理论，在社会主义条件下还是有指导意义的。当然，社会主义管理与资本主义管理具有根本不同的性质，马克思所说的由剥削阶段和被剥削阶段之间的阶级对立引起的那种"监督劳动"的管理职能不存在了，管理作为"剥削社会劳动过程的职能"也不存在了。在资本主义企业管理中，监督劳动是统治工人的一种主要手段，是迫使工人劳动的重要动力之一。在社会主义条件下的管理虽然也要注意到监督检查的督促作用，但我们社会主义国家主要靠加强政治思想教育工作调动广大群众的积极性。尤其是学校的管理与工厂企业的管理也有所不同，学校中的监督检查，主要是发扬教师中的积极因素，肯定成绩，总结经验。而且这种监督是领导与群众间的互相监督，群众之间互相监督，是实现学校民主管理的一种手段。因此，这种监督与资本主义的监督劳动具有根本不同的性质。那么，社会主义学校的管理是否还存在着阶级性质，是否存在着两重性，这种两重性表现在什么地方？这些问题是需要在理论结合实际的基础上加以研究、说明的。这个问题关系到社会主义学校的管理原则、管理制度以及管理方法等一系列问题，关系到如何建立与我国国情相适应的社会主义学校管理学的大问题。

学校管理中，如何处理好思想管理与具体工作管理的关系，也是需要认真研究的一个问题。我们要坚持政治与业务统一、政治与技术统一的观点，用思想政治工作去保证具体工作任务的完成，用正确的教育思想去指导学校的教育教学工作。苏联当代教育家苏霍姆林斯基说，对学校的领导，首先是教育思想的领导。这是完全有道理的。因此，研究学校管理要研究如何在管理过程中实现思想管理的问题。但是，学校管理学又必须十分重视研究学校各项具体工作的管理问题。因为学校管理学比较偏重于是一门应用性的学科，它要在一定的理论思想指导下去解决一所学校的管理问题。列宁说："管理则是另一回事，是有关能力的事，有关技巧的事。"学校是一种复杂的组织体，从"人"方面说，有领导管理人员，有教师、职工、学生；从"事"方面说，有教学工作、思想教育工作、体育卫生工作、生产劳动和课外活动，等等；从"财物"方面看，又有财务、总务、设备、环境条件等方面的内容。学校的"人"如何组织，需要设置什么机构,各部门各种工作人员的职责及其分工怎样,怎样根据各种人的特点进行管理,如何使用、培养提高,全面调动人的积极性;学校的各种教育教学活动如何计划、组织、指导、检查、总结,提高工作效率和效果;学校的财务、设备、环境如何设置才符合教育工作的要求,如何使用合理和不断改善等都是有规律可循的。学校管理学就是要着重研究和阐明这些问题的规律性。只有既研究管理思想、指导原则,又研究管好各项工作的规律性,才能避免理论脱离实际的弊病,建立起理论结合实际的科学的、社会主义的学校管理学。

总之,学校管理学研究的内容包括学校教育教学活动的合理组织、学校内部各部门的协调、学校的领导体制和规章制度等方面的工作规律性。作为学科的研究任务应该回答学校管理的指导思想、管理性质、管理过程、管理原则、管理制度和管理方法等一系列的问题。

(广东教育学会1982年年会论文)

教育管理学的发展和当前我国研究的课题

教育管理学，是研究和阐明科学管理教育事业的学科。它的内容主要包括教育行政机关的工作管理和各级各类学校的工作管理两大部分。它着重研究教育事业的规划、基本指导思想、组织和调整教育系统内部的人与人的关系，协调机构之间的相互作用，充分发挥人力、物力、财力的效能，按照教育工作的客观规律办事。

教育管理学是在教育管理实践基础上产生的，同教育事业发展的客观需要相联系，同近代各国资产阶级控制教育的要求相联系，同管理科学的发展相联系。

19世纪后半期，一些主要的工业国家为了进一步竞争和扩张，普遍重视教育的普及和提高，加强了国家对教育的组织与控制。特别是70年代以后，世界各主要国家相继建立了以法律规定的公共教育制度，国家对教育的管理制度也建立起来了。因此可以说，教育管理实际上是国家、政府部门对教育的管理。教育管理学就是在教育管理经验的基础上，在管理科学的发展过程中形成和发展起来的。

教育管理学理论的创始人，是德国的法学家、社会学家、行政学家和管理学家施泰因（L. V. Stein, 1815—1890）。他认为，阐明国家权力对国民教育干预的原理、内容、根据和界限等就是教育管理学的任务。因此，没有国家观念，就不能理解教育管理。

20世纪开始，美国的工程师、管理学家泰勒（F. W. Taylor）发起的一切要讲求效果的运动，不仅对工厂企业、政府和社会产生了巨大影响，而且也对学校教育产生了影响。对教育部门和学校也提出了企业效果和社会效果问题。随后，许多教育管理学家就教育的企业效果与社会效果进行了辩论，有的主张教育工作应讲究企业效果，探求教育工作的经济办法；有的则认为企业效果的标准要求统一性，用于教育管理会压抑教育的多变性和创造性，认为教育工作应强调社会效果，保证个人能够更有成效地适应社会需要，并改革社会弊端，主张"一切教育目的都是为了社会效果"。这些辩论，促进了教育管理学的发展。

1950年以后，行为科学利用政治学、经济学、法律学、社会学、社会心理学等基本理论和研究成果，致力于教育管理的研究，提出了许多有启发性的意见，使教育管理工作更加强了科学性，增加了教育管理学的理论色彩。

教育管理学的任务是为教育行政工作者提供教育建设的指导思想以及教育行政的科学知识和组织领导的工作方法。

教育管理学要从教育的外部结构和内部结构来研究教育事业的管理。所谓从教育的外部结构来研究对教育事业的管理，是指教育在整个社会结构中的作用和地位。教育行政在教育制度发展上要研究处理教育与政治、教育与经济的关系。因此，管理教育要有经济与社会发展观念。《中共中央关于教育体制改革的决定》明确指出，教育必须为社会主义建设服务，社会主义建设必须依靠教育。这是从历史唯物主义观点出发观察和处理教育问题的正确方针。在教育管理的业务指导思想上必须克服为教育而教育，孤立地、封闭地办教育的思想，要树立自觉使教育主动适应经济与社会发展的观念。

正确处理教育与经济的关系，对社会主义教育体制的建立有直接的关系。近年来，我国城乡经济体制改革所带来的历史性变化，迫切要求我国的教育结构要做出相应的改革。如必须普及九年制义务教育，发展职业技术教育，调整高等教育内部的科系、层次比例等，这样才能使基础教育得到切实的加强，职业技术教育得到广泛的发展，高等教育的潜力和活力得到充分的发挥，使各级各类教育能够主动适应经济和社会发展的多方面需要。

所谓从教育的内部结构研究教育的管理，是指要研究社会教育和学校教育，研究学校教育中各级各类学校的特点和任务及其管理上的不同要求和办法。就学校教育来说，从程度上分有高等教育、中等教育、初等教育和学前教育；从教育种类上分有普通教育、特殊教育、专业教育；从教育方式上分有面授、函授、广播、电化教育等；从学制上分有全日制、半日制、业余教育等。它们虽然相互联系、相互影响，但又有其自己的特点，所以，如何进行管理，亟需深入研究。

教育管理学是一门应用性的学科。作为一门学科，其研究内容有相对独立的体系。就一般而言，教育制度、教育管理组织机构、教育政策和法规、教育事业计划、教育管理职能、教育管理原则、教育人事、教育财务、教育教学管理、教育视导和教育评价、教育管理人员培训、教育管理中的领导行为等，都是教育管理学的研究内容。

近年来，教育管理学研究的发展趋势较为明显的有两个方面。

（1）综合利用有关学科的研究成果，使之更加科学化。教育管理是一项非常复杂的社会系统工程。当今科学的发展，要求教育管理学不断吸收和运用科学发展的新成果来充实和改造学科内容和知识体系。事实上，教育管理过程的许多方面，通过教育学、心理学、社会学、人类学、政治学、经济学、行为科学的研究，对教育管理科学知识的发展都起到了积极的作用。这些科学关系到人的行为及其组织，它们的一些基本概念和原理，都可作为丰富教育管理学的科学基础。近年来，有许多来自经济学的理论公式，对于教育组织与行政具有重要意义，如投资、输入输出、劳动分工、经济增长、资源分配等。国内外不少经济学者都很注意研究教育经济学，如美国的法布里肯特、斯卡尔兹和我国的于光远、厉以宁等。在教育财务管理的理论中，根据经济学理论已经建立了许多新概念，数学模型的理论已被引入教育管理领域。利用数学公式研究教育组织行政，将来可能被广泛利用。运用系统论、信息论、控制论等新兴学科的基本原理来研究教育管理问题更会引起普遍重视。

（2）向分化方向发展，加强对教育管理实践的指导作用。教育管理学是一门应用性学科，有很强的实践性。其存在的生命力在于对教育管理实践产生的指导作用的程度。如果教育管理学只搞纯理论的研究，不仅会失去其应用价值，也会失去其存在的价值。

科学体系发展的规律是不断综合和分化的。教育事业迅速发展，教育形式、教育内容的多样化，要求教育管理学研究探讨各种形式教育的管理方法和规律。因此，企图用一本包罗万象的教育管理学来指导教育事业和各种学校的管理工作是不可能的。为了适应教育管理实践的需要，教育管理学的研究日趋分化。如从教育种类分，有高等教育管理学、普通教育管理学、特殊教育管理学、成人教育管理学等；从教育管理各个侧面分，有教育计划管理、教育财务管理、教育人事管理、教育评价等；在国外都有专著进行研究和探讨。在我国已经明显地将教育管理学分化为教育行政学和学校管理学来进行研究。在学校管理学中，又分为高等学校管理、普通学校管理、中学管理、小学管理、农村中小学管理等，并且出版了一些专著和教材。

当前,结合我国正在进行的教育改革实际,教育管理学要进行研究的课题是非常丰富的。下面课题更为迫切:

(1) 教育管理与社会变革相适应的问题。社会是不断变化发展的。社会变革必将促进教育管理的变革。党的十一届三中全会以来,我国社会的各个方面都发生了一系列重大的变化,把实现社会主义的四个现代化确立为全党全国各族人民的中心任务;实行对外开放、对内搞活的政策;学习和引进国外先进的科学技术和管理方法。经济体制和科技体制的改革,促进了教育体制的改革。这些变革,都向教育管理提出了新的要求,必须重视研究,逐步解决,才能建立有中国特色的社会主义教育管理体制。又如当今世界知识量的增长是非常惊人的,这种形势将促进教学内容和课程的变化,必然带来教材和教学管理的变化。由于新知识的增长,甚至会带来一系列传统观念的变化、价值观的变化,这些变化都要求改革旧的教育思想、教育内容、教育方法和管理制度。教育管理学要联系社会上和教育方面的一系列变革,正确评价变革的意义,探求适应变革的制度和方法,使变革的结果符合社会目的,这才有利于教育事业的发展和教育质量的提高。

(2) 教育管理目标体系问题。教育管理目标,是为实现国家的教育目标服务的。在我国,教育是国家的重要事业,它是要为实现国家的政治、经济和社会发展目标服务的。因此,教育管理要考虑与国家的政治、经济要求相适应,要根据邓小平同志关于教育要面向现代化、面向世界、面向未来的要求去促进教育的改革和发展;同时,教育又是提高人民文化素质的工具,它要促进个人的全面发展。如何根据上述两个方面的要求,确立教育管理目标体系,是一个非常重要又非常复杂的问题。教育管理学要研究和探索教育行政管理系统和学校内部管理系统的多层次、多系列的管理目标体系。只有这样的一个管理目标体系建立起来了,才能促进教育管理的科学化。

(3) 教育管理过程的科学化问题。对教育管理进行动态研究时,必须探讨教育管理过程的科学化。美国管理学家古利克,论述行政管理过程时,提出了有名的 POSD CORB (指计划、组织、人事、指挥、调整、报告、预算等) 学说。西尔斯把教育管理分为计划、组织、指挥调整、报告、控制五种因素。日本某位教育管理学家提出"POC"(计划—组织—控制)方式或"PDC"(计划—实施—评价)方式。目前,我国多数研究者认为教育管理的过程应是计划、实行(组织)、检查、总结四个环节。也有人认为应是五个环节,即计划决策、组织实施、监督检查、指导调整、总结评价。

探讨教育管理过程,是为了更好地掌握教育管理的规律,对它的认识程度与教育管理人员的领导管理方法有密切关系。因此可以说，教育管理过程的规律性制约着教育管理人员的工作方法。只有掌握科学的教育管理过程理论，才能有科学的教育管理方法。在教育管理实际工作中常有不遵循管理过程规律的现象发生，或者管理过程极不完整，因而出现工作无计划、无检查，或计划与实行脱节、计划与总结脱节等。这就大大影响了管理工作的效率与效能。教育管理的过程应是怎样的？有哪些基本环节？每个环节包含哪些方面的内容和要求？这些问题亟需探讨，才有利于提高管理工作的科学水平。

（4）教育管理人员的培训问题。随着教育事业的发展，教育改革的深入，对教育管理人员的素质提出了一系列新要求。在实现干部"四化"的前提下，加强教育管理人员的培训，培养大批真正懂得科学管理的干部是一项重要而迫切的任务。目前的主要问题是教育管理干部大多数从专业干部来，他们有知识、懂专业，可是，普遍不懂得科学管理，既缺乏管理的经验，也缺乏管理的知识和理论。研究教育管理干部培训的进修系统、制度、内容和方法，使教育管理干部懂得教育管理理论、管理方法和管理方式，是搞好教育管理的关键问题，也是教育管理学应该研究和回答的课题之一。

（原载《高教探索》1986年第1期）

对八十年代以来我国教育管理学发展状况的述评

进入20世纪80年代以来,我国教育管理学的研究和学科建设取得了可喜的成绩。有关统计表明,到1994年我国总计出版有关教材、专著已达一万多种。现在来回顾一下它的发展轨迹,看看它当前的状况,探讨一下如何进一步加强本学科的研究,是十分有意义的。

一、80年代以来我国教育管理学发展的几个阶段

我国教育管理学研究的春天,是从80年代开始的。纵览1980年以来教育管理方面所发表的论文、教材和专著,从中可隐约地发现,它经历了一个开始重建、发展提高、走向完善的过程,因而也可粗略地把我国教育管理学的研究发展分为三个阶段。

(一)学科地位重新确立的阶段

这一阶段,从时间上看,应是1980年至1983年。其基本特征是社会主义教育管理学的学科地位的确立。

中华人民共和国成立以后,由于长期受苏联教育学学科体系的影响,加上教育管理学本身研究的缺乏,我国教育管理学的学科地

位,曾一度被怀疑以至否定,一些教育科学理论工作者认为教育管理学没有独特的研究对象,其内容只是教育学的一部分,因而不应作为一门独立的学科。尽管"文革"前在一些师范院校和教育学院曾一度开设了"学校管理与领导"的课程,也多是教育方针政策的解释。后来,在"文革"中"左"的思想冲击下,"学校管理与领导"课程也被取消了。

党的十一届三中全会后,随着教育科学研究的恢复和教育实践的要求,科学地管理教育、管理学校的问题被提了出来,有关学校管理的文章在报刊上出现了。1980年,《教育研究》和《教育研究丛刊》开始讨论学校管理的问题,1981年第1期的《人民教育》发表了楼沪光的文章《要研究教育管理学》,文章论述了要研究教育管理学的理由,并从反面举例论证了研究教育管理学的迫切性,提出了恢复和加强教育管理学的三点建议。这篇文章可以说是吹响了教育管理研究的号角。同年,北京教育行政学院的学者们推出了中华人民共和国成立以来正式出版的第一本《学校管理》著作。由于适应了形势的要求,受到广大教育管理工作者的欢迎。今天看来这本专著虽然较为粗糙,但毕竟是第一部,它为我国教育管理学科的重建起了奠基作用。1982年,萧宗六教授撰文对学校管理学的研究对象、学科独立性进行了分析论述。与此同时,《光明日报》和各地的教育杂志开始大量地介绍教育管理知识的文章,至1983年,出版教育管理方面的教材、专著已达到十五六种。

值得高兴的是,教育管理学在我国的重建,一开始其指导思想就是较为明确的。不少论者都强调,我国的教育管理学一定要以马列主义为指导思想。楼沪光指出:"只要坚持马列主义、毛泽东思想的指导,认真总结我国自己的经验教训……我们一定能认识和掌握社会主义教育管理的规律,一定能够建立起适合我国情况的教育管理学。"还有一些论者提出,我国教育管理研究"可以利用我们社会主义的政治思想,借鉴外国的管理经验,提高我们的管理水平,把我国的教育行政管理学建立起来"。

这个时期,我国教育管理学的学科地位的确立,除了广大同仁的认同和已出版了大量的教材、专著、论文之外,许多教育学院和高等师范院校教育系都纷纷开设了教育行政和学校管理的课程。而教育管理学作为独立学科地位的确立的主要标志之一是建立了全国性的学术研究组织。1981年4月在福州举行的全国教育学研究会第二届年会期间,即成立了全国学校管理研究会筹备组。1982年7月,在大连召开了全国教育学院学校管理学讲习会,有13位同志作了学术报告,比较系统地研究了学校管理学的理论和实践问题,这可以说是我国研究学校管理学的一次空前盛会,接着,1983年10月,中国教育学会学校管理研究成立大会暨首届学术年会在西安召开，大会收到学术论文 100 多篇、专著 10 种、资料 9 种，反映了当时学校管理研究的新成果。研究会的成立，宣告了我国社会主义教育管理学的独立地位的真正确立。

（二）学科发展提高阶段

从 1983 年底到 1991 年，可以说是我国社会主义教育管理学的发展提高时期。其基本特征是教育管理学的研究者，特别是一些老专家开始反思教育管理学的研究，对教育管理学（含教育行政学、学校管理学）的学科建构、教材建设、教育（学校）管理规律、基本原理以至教育管理的价值、方法论等范式问题，进行较深层次的探讨。如萧宗六、张复荃、齐亮祖等老专家都对学校管理学的研究对象、内容、概念体系、学校管理原则、规律、学科知识结构做了较系统的研究，并明确提出了要使学科进一步成熟化的问题。

这一时期，关于教育管理的理论文章、教材、专著不断涌现，据不完全统计，已出版专著、教材 40 多个版本。与此同时也开始大量介绍和引进外国教育管理理论。无疑，这大大促进了教育管理学知识的普及、理论的发展和学科质量的提高。我们可以拿北京教育行政学院 1981 年编写出版的《学校管理》与 1988 年编写出版的《学校管理学》作一个比较。两本书的作者基本没有变，但无论在知识水平、理论体系上都有明显的差异，后者从前书的 13 章增到 25 章，由 16.8 万字增加到 27.5 万字，几乎涵盖了学校管理学的主要领域。对学校管理、学校管理学的特性、学校管理职能、过程、基本原则、方法都做了研究，还将学校评价列为专章。其内容之广度、理论分析的深度都比前书有很大的发展与提高。

可以作为这一时期教育管理学在提高方面的重要成果的，有 1984 年由华东师范大学出版社出版，张济正、吴秀娟、陈子良编著的《学校管理学导论》，1985 年由光明日报出版社出版，陈孝彬编著的《学校教育管理科学》，以及 1989 年人民教育出版社出版，萧宗六著的高等学校文科教材《学校管理学》。

这一时期，教育管理学的研究发展、提高还表现在以下三个方面。

（1）研究组织扩大。除了全国性的教育管理研究组织外，各省市已纷纷建立了多级教育管理研究会。

（2）研究队伍扩充。除原有教育管理的研究、教学工作者之外，全国有好几所高校先后开始招收教育管理专业（方向）的硕士研究生，为哈尔滨师大、北京师大、华东师大、华中师大、华南师大等。此外，不少从事教育行政和学校管理工作的人员也积极参与了教育管理的理论和实际问题的研究。

（3）研究园地创建。除原有多种教育刊物继续开辟专栏，刊登教育管理研究文章外，又出现了教育管理专业性杂志，如《教育管理研究》《中小学管理》《教育管理》等。

（三）学科深入发展和完善阶段

1991年10月，全国教育管理专业委员会在华中师大举行成立大会暨首届学术年会，开始了学科深入和完善阶段。这一阶段可能比上两个阶段的时间更长，其任务更为艰巨。

专业委员会的建立，是学科建设新形势的客观要求。我国的教育管理学在1984年到1988年的五年时间是发展提高较快的时期，但从1988年以后出现了发展较为缓慢的现象。在一些基本概念、规律、学科体系等问题的研究上没有新的突破，有人著文说"近几年来，我国教育管理学的研究可说是落入了低谷"。而改革开放的深入发展又迫切要求教育管理学无论是在理论研究或现实问题的研究都要有新的进展。

专业委员会建立后有成效地开展了工作，在首届学术年会上，围绕有中国特色的教育管理学科的有关问题进行了探讨。1993年学术年会，则以"改革开放与学校管理"为中心议题。其意义在于引起了教育管理工作者重视改革开放对教育管理产生的影响的研究。1995年的学术年会则集中探讨了教育管理学学科建设的有关问题。当然，由于多种原因，到目前为止，还未取得较为重要的成果。不过，可以相信，经过若干年的努力后，一定可以使我国的教育管理学得以完善起来，到那时我们就可以说我国的教育管理学开始走向成熟的阶段了。

二、有关教育管理学若干理论问题研究的概况

教育管理学研究涉及的问题范围很广，既有基本理论的研究，又有现实问题的研究，还有方法论的研究等。下面仅从学科建设的角度，对教育管理学学科建设的若干理论问题研究的概况作一述评。

（一）学科的基本概念研究

概念是形成理论和理论体系的基石，确立一门学科，首先面临对概念的规范问题。从整体要求上看，概念要形成体系、比较完整；从个体要求上看，各个概念要精确，内涵和外延不能产生歧义，具有相对的稳定性。

"管理"，可以说是教育管理学科的元概念。教育管理学研究者对这一概念的界定，基本上借用企业管理，尤其是外国企业管理的研究成果。由于国外对这一概念仍是众说纷纭，所以国内对这一概念也看法不一。从教育管理界目前的研究来看，一般都包含了目标、职能、活动过程等方面的含义，但由于研究侧重点

不同，在表述时差异很大。如有人认为管理是"管理人员领导和组织人们去完成一定的任务和实现共同的目标的一种活动"，也有人表述为管理是"为了实现一定目标，对各种资源（人、财、物等）进行计划、决策、组织、协调、指挥、控制，以达到最大功效而进行的活动"。此外，还有其他不同的表述，这里就不列举了，我们要指出的是，尽管对"管理"这一概念的基本含义的理解大体一致，但作为学科建设来说，其表述应尽可能精确。

对于"学校管理"这一概念，目前看来对其理解和表述的差异更大，有的表述为"学校为贯彻教育方针、政策、法规和教育规律，在当地的政治、经济、文化传统条件下，使用科学的管理方法，对学校中的人、财、物、事（工作）、时间、空间和信息等管理对象，执行调查预测、计划决策、组织实施、检查指导、指挥协调、教育激励、评价总结等职能，把管理对象合理组织起来和顺利运转起来，充分发挥整体效能作用，实现学校的整体目标的过程"。还有的表述"学校管理是使学校沿着一定的方向维持学校按教育规律进行正常运转，使其获得不断发展和提高的手段，它是达成学校教育目标，提高工作效果的一种总体作用，其功能是对学校教育总过程的一切活动和资源进行计划、组织、指挥、监督和调节，以便实现全面提高教育质量的目的"。此外，还有其他种种表述。我们认为对上述概念的表述存在以下几个问题。

（1）我们下定义一般采用属加种差法，而以活动或活动过程作为管理的属概念，不便于揭示种差，也难以找出被定义概念的本质属性。

（2）有些定义犯了同语反复的逻辑错误，即定义项直接包含了被定义项，如用学校管理者作为定义项来说明"学校管理"。

（3）科学的定义应揭示其最普遍的本质特征，反映其共同规律，不要局限于某一特定情境下的特定含义，并代替概念完整的普遍含义。

（4）解释性定义居多，表述较为繁杂，不够精练，真正从逻辑上对其下定义的较少。

因为基本概念不够规范，导致教育管理学科中的概念存在着"模糊泛化"的现象，如出现了家长管理、对外管理、外来管理、自我管理等，对一些从企业管理学引入的诸如目标管理、计划管理、质量管理等的说法也莫衷一是。所以，教育管理学总的来说还未形成比较完整的科学的概念体系。概念和概念体系不精确、不完整、不科学，是造成教育管理学理论化、体系化停滞不前的主要原因之一。

（二）教育管理学的研究对象问题

教育管理学的研究对象，首先涉及的是把教育管理学作为一门学科去理解，还是分化为学校管理学和教育行政学两门学科去理解。作为一门学科理解，传统上是把它与教育行政学等同起来。有人提出教育行政学"包括各类教育行政机关和各级各类学校的行政管理，所以也叫教育管理学"，认为其主要研究教育行政工作和学校管理工作的指导思想、原理、原则、制度和方法，揭示并运用教育管理的规律，科学地组织与调整教育系统内部的人际关系、协调机构和部门之间的相互关系，充分发挥人力、物力、财力的作用，为实现教育目的创造良好的条件。因而提出教育管理学可以简单地概括为是一门研究教育管理过程及其规律的科学。它是以教育管理及其规律作为自己的研究对象；而把它分化为两门学科去理解，大约是在20世纪80年代就在我国占了主导地位。这是由于大多数学者把教育管理学研究的侧重点放在学校管理工作的方面，形成了比较系统的一套内容体系，并出版了许多学校管理学的教材，因而提出要把教育行政学与学校管理学区别开来，强调"学校管理学作为一门独立学科区别于一般的教育行政学"。因此，认为两者有不同的研究对象，把所谓外部教育管理或教育行政机关对教育的管理赋予了教育行政学，学校管理学的研究对象限于学校内部管理。

关于学校管理学的研究对象的界定，也有各不相同的表述，大致可划分为学校工作说、管理规律说和两者混合说三类。

学校工作说主张把"普通学校管理的原则、制度和方法"作为自己的研究对象。主要研究的内容是"管理学校的基本原则、学校组织机构、教师、教学工作、思想政治工作、体育卫生工作、课外活动、勤工俭学，学校各种制度"，很明显，这是侧重于工作研究。

管理规律说认为学校管理学的研究对象"就是学校的指导思想以及学校中的管理工作的规律"，提出"学校管理学是研究学校管理规律性的一门学科。它包括学校教育教学活动的合理组织、学校内部有关部门的协调、学校的领导体制和规章制度等方面工作的规律性。它应当回答管理学校的指导思想、管理目标、管理原则、管理过程、管理制度和方法等一系列问题"。有的提出，学校管理学是按教育规律、教学规律和管理规律来管理学校的学科，它研究以校内微观管理为主的管理活动现象及其规律。

两者混合说。到目前为止，持两者混合说的人最多。他们认为学校管理学以学校内部管理活动的现象及其规律为主要研究对象，同时研究学校内部诸因素与整个教育系统和社会系统中诸因素的相互影响作用及其规律。它的基本内容包括：研究学校工作目标和学校管理工作的指导思想；研究对学校各项工作实施管理的活动内容和方法；研究学校管理活动的过程及其有效进行的条件；研究学校管理机构和管理人员的组成及其活动方式。

关于教育行政学的研究对象及其表述也很不一样。有人认为，教育行政学以国家教育行政机关对国家教育事务的宏观管理为自己的研究对象。有人则提出，教育行政学应以国家教育行政组织对各类教育事业与所属教育机构进行有效领导和管理活动的规律为研究对象。看来，这主要是对教育行政这个概念有广义、狭义之分所造成的。对教育行政这个基本概念理解角度不同，对其研究对象的界定自然就不一样了。甚至有人提出，教育行政不仅包含国家教育行政机关对国家教育事业的宏观管理，而且也包含整个国家（执政党和政府、人大）对教育工作的管理。如果这样，其研究对象、内容和范围就更不同了。

（三）学校管理职能和管理过程问题

大多数学校管理学的教材试图把学校管理职能和学校管理过程区分开来。现在认识一致的是：学校管理职能是学校管理系统（管理活动）所具有的职责和功能；管理职能和管理过程的区别在于，前者表现为静态，后者表现为动态，前者是普遍的理论论证，后者是实际操作运用；管理过程一般分为计划、组织（实施）、检查、总结等四个基本环节。分歧主要是对管理过程和管理职能的具体内容的理解和表述上。关于管理过程主要有两种看法：一种是认为学校管理过程是学校管理者围绕学校管理目标，运用学校管理原则原理，对学校中的人、财、物、事进行管理的客观程序；另一种是认为学校管理过程是学校管理者按照计划决策、组织实施、检查指导、总结评价的顺序，螺旋性、周期性循环运转的过程。至于学校管理职能，有的把它分为七种基本职能，有的把它分为专门管理职能和基本管理职能两个类别，有的还提出了宏观职能、保健职能等。

（四）学校管理原则问题

如同教育学界对教学原则的提法五花八门一样，学校管理学界对学校管理原则的看法也各不相同，大致有40多种提法。

对学校管理原则的依据，有两点已达成共识：①原则是学校管理规律的主观反映；②原则是对学校管理实践经验的总结和概括。而对教育方针政策，学校性质、目的任务，管理科学理论能否作为原则的依据，则仍有不同的看法。

在具体原则的提法上，由于论者对学校管理规律认识不同，对学校管理实践经验总结概括的层次、水平不同，制定原则的依据不完全相同，就使学校管理原则的体系呈现多样性。曾经有人把诸多原则体系分为传统经验抽象型、领导方法抽象型和现代管理科学移植型三类。我们认为，根据其原则依据的偏向，将其分为偏教育原理型、偏管理原理型、偏实践经验型三类，可能更符合实际。

出现学校管理原则体系的多种提法，并不是一件坏事，这是学术争鸣的表现和结果，正说明在这方面有可能演变为不同的学派。但是，这也反映出我们对学校管理客观规律的探讨和对教育管理实践的认识仍不深入，理论概括的水平尚待提高。

（五）关于学校管理规律问题

任何一门科学的使命都是揭示研究对象的规律，揭示规律的水平和程度是学科成熟度的重要标志，也是学科体系化、理论化的基础。目前教育管理学对规律的揭示还远远不够，教育管理规律研究是本学科最为薄弱的部分，这既是造成学科不成熟的重要原因，也是学科对实践指导疲软的症结所在。

从学校管理学的研究来看，大多数著作未将"学校管理规律"列为章节，相当一部分教材回避了这个问题，也有以原理代之的。有人曾对现有学校管理规律研究的逻辑起点进行了划分，将其归纳为以下五类。

（1）教育起点说：强调教育规律、社会政治、经济对学校管理的制约。如提出"遵循教育基本规律"，"学校管理与一定的社会生产力、科学技术发展水平、社会生产关系相适应"等。

（2）管理起点说：强调管理规律对学校管理的制约。如提出了系统性原理、人的能动性原理、动态相关性原理、效应形成性原理。认为"学校管理原理是客观存在着的，不以人的主观意志为转移的客观规律"。

（3）关系起点说：从学校工作关系入手寻求学校管理的客观规律。

（4）过程起点说：强调学校管理是一个有序的、动态的过程。因而提出"学校计划、组织、检查、总结活动的有机结合，有序运行，管理周期的连续运转、螺旋上升，是学校管理过程的规律，也是学校管理的基本规律"。

（5）职能起点说：侧重于研究学校管理职能部门活动的规律。

以上几种提法都从不同角度、方面去探讨学校管理的规律，都有一定道理。但其系统性及层次关系仍不清晰，仍须进一步深入探讨。

（六）教育管理学学科理论体系建构问题

对学校管理学的理论体系，有专家曾做过较好的概括和分析。他认为，从已经出版的著作看，这门学科大致可分为三种类型：一是偏重实践经验的；二是偏重理论的；三是先谈学校管理的一般理论，再谈各项工作的管理。可以说这三种体系类型实际上从一个侧面反映了学校管理学发展的一般过程。

至于把教育管理学作为一门学科来建设，其理论体系的建构则有一元式结构和二元式结构两种。

所谓一元式结构，是将教育行政学和学校管理学二者交融，找到二者的共性和规律性。如有的著作就提出"以教育发展战略为主线，教育管理组织为主纲，教育管理效率为主旨，并以教育文化为背景，由此推演出教育管理的行为与方法,促使学校管理与教育行政这两条'平行线'能够交互起来"。

所谓二元结构,就是教育行政和学校管理各成体系,共同构成教育管理学的内容体系。

上述六个问题,是教育管理学科建设和发展过程中研究和讨论较多的重要理论问题。应该说,十多年来在这些问题上虽然还未取得一致意见,但总的趋势是不断深入和不断发展的。

三、对今后教育管理学研究的几点意见

(一) 要进一步明确学科研究的方向

就目前情况看,教育管理学的学科建设存在三种模式,即分为学校管理学、教育行政学和教育管理学三门来建构学科体系。这三种不同的学科架构都是可以同时存在的。问题的关键是,如何准确地把握各自的研究方向,使各种体系都有一个明确的研究中心,像一根红线把各自要阐明的问题连贯起来,构成一个整体。比如,学校管理学应以研究我国普通中小学内部管理的理论和实际问题为主,而且要以办现代化的学校,实施现代化的管理,提高学校效能为中心。围绕这个中心来阐明现代学校的办学思想、管理思想,现代学校的制度、办学模式,学校各项工作管理的科学规律,影响学校效能的各种因素以及现代学校管理的技术和方法等。又如教育行政学就可以教育行政机关对教育工作的客观管理为中心,把教育行政原理、职能,教育行政各项管理工作的规律,教育行政与学校的关系,教育法律控制、教育督导、教育评价与教育行政管理的方法和技术等阐明清楚。有了明确的研究方向和中心,呈现在人们面前的教育管理学就不只是一个平面图,而是具有了一种立体感。

(二) 要开展高质量的学科层次结构研究

提高教育管理学学科建设的水平,其关键是要有高质量的研究成果作基础。这就必须有较完整的研究体系结构来保证。一般来说,社会科学的研究体系和自然科学研究体系一样,都包含基础研究、应用研究、开发研究三个层面。

教育管理的基础研究,是指对教育管理本质、价值、方法论、结构、管理规律等方面的研究。基础研究具有高度的抽象性、理论的体系化、研究的连续性、劳动个体性等特点。基础研究并不考虑直接的实际应用,与教育管理实践的联系是间接的。到目前为止,基础理论方面的研究还太少,论著不多,因而制约了教育管理理论的发展步伐和成熟度,也导致了实践工作者对理论的冷淡。而1992年黄兆龙著的《现代教育管理哲学》一书,对许多属于基本理论的问题做了较

系统的研究，这是一个良好的开端，望今后能有更多这方面的著作问世。

教育管理的应用研究是以实际应用为目的，它也是一种科学抽象的理论活动，是对具体研究对象的特殊运动规律的抽象。具有定向（课题立项有特定的目的）、综合（运用多学科知识）、应用的特征。学校管理学中关于各职能部门管理、各项工作管理的研究都可以归入应用研究一类。大多数采用调查研究的方法，其成果直接接受实践的检验。教育管理的应用研究经过多年来的努力，取得了一些成果，但还不能完全令人满意，不少研究成果只是一些经验性的概括，理论的抽象水平不高，影响了其应用的普遍规律性。要提高应用研究的水平，一是有赖于基础研究提供成果，二是要求深入实践，三是要优化研究者自身的素质。

教育管理的开发研究以解决教育管理领域不断出现的具体问题，满足现实需要为目的，如运用基础研究、应用研究的成果提出规划、计划、对策、方案、程序等。它具有具体、实用、高效的特点。开发性研究的课题很广泛，如某地区教育发展战略研究，教师需要规划的研究，校长负责制的研究，教师评价方案的研究，等等。

上述三个方面的研究是互相联系、相互促进的。基础研究的成果可在应用研究、开发研究中得到检验、证明和发展。三者之间存在着一种反馈关系，每一种研究都可由后继研究得到正误信息，应用研究、开发研究又将信息反馈给基础研究，形成了一种循环螺旋上升的势态，使研究水平不断提高。

（三）要改进教育管理学的研究方法

巴甫洛夫说过："科学是随着研究方法所获得的成就而进步的。研究方法每前进一步，我们就更提高一步，随着在我们面前就开拓了一个充满种种新鲜事物的、更辽阔的远景。因此，我们头等重要的任务是制定研究方法。"[1] 印度学者拉姆·纳斯沙玛也说："科学的成功是由于科学方法的成功。"要改变当前教育管理研究进展缓慢的状况，使其有新的突破，高度重视研究方法的改进，是十分重要的。以往我们较为重视文献法、比较法、调查法、个案分析法，而对实验方法则重视不够。采用实验法，通过对实验变量、条件的控制，可以掌握实验对象的大量第一手材料和动态材料；可以最有效地对事物之间的因果关系进行探索。在这一点上它大大优于调查研究这种横割性方法，也优于观察、文献资料分析等纵向方法；可以对国内外管理理论进行证实或证伪，在这一点上也大大优于那些纯思辨方法。教育管理领域很多问题都可以进行实验研究，如管理方法、管理制度、领导方式等。当然，教育管理实验作为社会科学实验有它自身的特性和复杂

---

[1] 巴甫洛夫选集 [M]. 北京：科学技术出版社，1993：49.

性，但只要广大理论工作者和实践工作者携起手来，是可以取得成绩的。教育管理实验方法一定会带来教育管理研究的进步。

(四) 要加强协作，开展联合攻关

十多年来，教育管理研究可以说做到了百花齐放，对教育管理学的繁荣功不可没，但在多方协作方面似乎仍然做得不够。今后要在继续百花齐放，保持教材多样性的基础上，加强协作攻关。力争在协作的基础上编出两三部质量较高的统编教材来。同时，根据各地教育管理实践的需要，研究者本人的志趣、专长、能力，对教育管理的一些基本理论问题、难点问题以及管理实践中提出来的迫切需要从理论上解决的问题，进行协作攻关，力求有所突破，才能更好地为教育管理实践服务。

(原载《现代教育论丛》1996 年第 1 期，与郑文合作)

第三章　学校管理理论研究

关于学校管理问题的探讨

为了提高中小学的教育质量，进行学校管理之研究是十分必要的。本文就中小学内部的管理问题做些探讨。

一

学校管理是维持学校按教育规律进行正常的运转，使其获得不断发展提高的手段。它是达成学校教育目标，提高教育工作效果的一种总体作用。其任务是对学校教育总过程的一切活动进行计划、组织、指导和调节，以便实现全面提高教育质量的目的。

马克思指出过："一切规模较大的直接社会劳动都或多或少地需要指挥，以协调个人的活动并执行生产总体的运动——不同于这一总体的独立器官的运动——所产生的各种一般职能。一个单独的提琴手是自己指挥自己，一个乐队就需要一个乐队指挥。"[1] 马克思这段话说明，凡是有许多人在一起劳动或活动都必须有管理。它是进行任何社会生产和办好其他一切事业必不可缺少的条件。

---

[1] 马克思,恩格斯. 马克思恩格斯全集：第 23 卷 [M]. 北京：人民出版社, 1992: 367.

学校是现代社会中的一个组织。学校教育也是一种社会实践，是按一定的教育目标，广大师生共同进行的有目的、有计划的活动。这种活动的目的是培养人，这是一个非常复杂的过程，这就更需要进行计划、组织，进行科学的管理，以指导、监督、调节教育教学活动的进行。大量的实践证明，一所学校办得好不好，教育质量高不高，与学校管理工作搞得好不好有非常直接的关系。许多基本条件大致相同的学校，由于管理水平不同，学校的面貌就不同，教育质量也就不一样。所以搞好学校管理是办好学校的重要条件和保证。

社会主义学校的管理，应以马克思主义教育科学和管理科学为指导，以中央制定的教育方针政策为依据，研究学校管理工作的规律性。它要研究解决的主要问题是：为了实现教育目标努力达到最好的教育效果，进行人的组织，配备物资设施和设备，以便最大限度地发挥学校的人力、物力、财力作用，做到人尽其才、物尽其用、财尽其利；科学地计划和安排学校的各项工作，协调校内各种组织之间，各种教育内容之间，师生之间，学校与家庭、学校与社会之间的关系，使之密切配合；根据学校培养青少年一代全面发展的需要创造一个良好的环境和条件。

学校培养人的过程是需要多方面因素共同起作用的，因此学校管理也有多方面的任务。但搞好教学提高教育质量是国家赋予学校的特有的任务，它对学校的各项工作起支配作用，学校的其他工作都要为实现这一任务服务。否则学校就不能实现其培养人的根本职能，它就没有存在的价值了。因此，建立以教学为中心全面提高教育质量的管理体制和管理系统，是学校管理的关键问题。人的组织管理与物资设备的组织管理同样是十分重要的，但都是为了实现这一中心任务而建立起来的。

学校管理的领域是相当广的。其基本含义一般是包含管理和指导（领导）两大方面。这里的管理主要是指学校的规章制度的建立和执行，它着重于学校的设施设备管理、学生学习生活的管理、教师工作的管理、学校环境的管理、经费的管理等。而指导（领导）则着重在监督、指导教育方针的贯彻、教学计划教学大纲的执行、教育教学活动的开展、人与人的关系、各种组织关系的协调等。当然，在一般情况下是不能把管理与指导截然分开的，在整个学校管理过程中两者是统一实现的。

二

根据现代管理科学的理论，大凡管理都是一个经由"计划、决定、实行、评价"等基本程序的循环过程。毛泽东同志指出："对于物质的每一种运动形式，必须注意它和其它各种运动形式的共同点",学校管理也是一种物质运动的表现形式,因此,要注意到运用现代管理科学所阐明的管理过程的理论来考察学校管理的基本过程。但是,研究学校管理不能只看到它与其他工作的管理相联系相一致的方面,更要注意它与其他工作的管理相区别的一面。即"尤其重要的,成为我们认识事物的基础的东西,则是必须注意它的特殊点,就是说,注意它和其他运动形式的质的区别"①。

学校管理过程是通过计划、实行、检查、总结等基本环节改善学校的工作,实现教育目标的过程。

(1) 计划。计划是根据国家制定的教育方针政策、学校的任务和学校内部的条件来制定学校工作的目标及达到目标的程序。这属于拿主意定措施的问题,就一所学校内部的工作而言,计划包含有"决策"的因素。因此,这是领导、管理学校基本过程中十分重要的一环。决策上的错误,管理的结果必然导致与国家的要求距离愈远。好的计划必须反映学校教育工作的基本规律,符合学校的实际情况。

(2) 实行。组织计划的实行是一个重要的环节。因为计划是对工作的部署,它能否在实际工作中体现出来,就要靠实行。实行过程各个阶段各个环节的质量如何,对整个工作的最后质量起着决定性的作用。因此,领导管理的重点应放在组织计划的实行上来。实行,首先要做好组织工作,按计划规定的工作目标配备好人员,规定适当的权责,建立适当的规章制度,把各方面的力量组织到以教学为中心的轨道上来。其次要在整个过程中进行监督和协调,减少相互关系的不协调,建立纵向与横向间的良好关系,协调彼此间的步调,使目标一致,团结协作,共同努力。

(3) 检查。检查就是检验计划的正确性,了解群众实行计划的严肃性和创造性,也是对各方面的工作和每个人的工作进行有系统的监督和指导。因此,检查不仅具有鉴定工作质量的作用,而且还有指导和促进工作的作用。它对改进管理人员和教师的工作和作风都有积极的意义。

(4) 总结。总结是把工作中的主要经验,包括成功的和错误的经验加以总结,对工作结果作出正确的全面的评价。使那些有益的经验得到发扬和推广,从那些错误的经验中取得教训作为今后工作的鉴戒。所以总结也成为新计划的基础,没有好的总结就缺乏工作的连续性,就不会有合乎实际切实可行的新计划。做好学校工作总结是使学校工作不断改善,不断提高领导管理水平的重要环节。

---

① 毛泽东. 毛泽东选集:第一卷 [M]. 北京:人民出版社,1991:308. ——编者注

上述四个基本环节的不断循环过程（见图一），也就是学校工作不断得到改善，螺旋式上升的过程（见图二）。但各个环节之间既是一环紧扣一环的前进，也是互相渗透交叉前进的（见图三）。

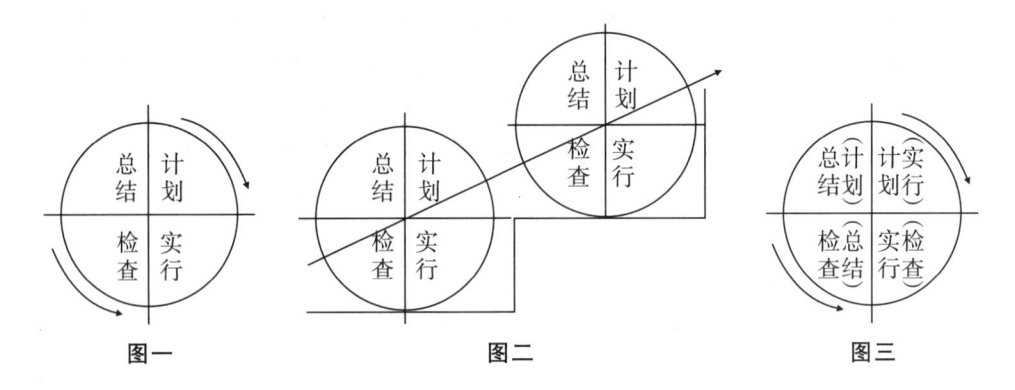

图一　　　　　　　图二　　　　　　　图三

学校管理的过程与一般社会组织团体的管理过程相比较，具有其本身的特点。

学校管理过程是学校行政人员采取一定措施按教育目标培养青少年一代，使其获得全面发展的过程。在一般的社会组织团体中，其任务或者是生产物质产品，或者是办理某一项专门事业。因此，其管理是围绕"物质产品"或某项"专门事业"来进行的。而学校的任务是培养人。我们学校的目标是使青少年在德智体诸方面获得发展，成为有理想、有道德、有知识、有体力的新一代。培养全面发展的新一代受到多方面因素所制约，它要根据受教育者的身心发展规律、学生掌握知识过程的规律和学科的特点来组织各项教育教学活动，它既要用科学的知识和技能武装学生，又要发展学生的智力；既要武装学生以科学知识，又要塑造学生的灵魂。在这里既有人的认识活动过程，又有人的生理活动过程。因此学校教育既要遵循学生在获得精神道德、知识技能方面的规律，又要遵循学生生理发育、身体机能活动的规律。所以在学校管理工作方面就要搞好教学工作的管理、思想政治教育的管理和体育卫生保健工作的管理，使德智体协调发展有机统一。

学校管理过程是调动教师积极性，协调各种教育力量对学生施以统一影响的过程。在一般的社会组织团体中其主要对象是"物"或"事"，有些以人为对象的也都是成年人。而学校教育一般是以正在生长发展中的青少年为对象。在学校里教师与学生、教与学是最基本的因素，而教什么、怎么教、教的结果如何，则在很大程度上取决于教师。因此调动教师的积极性，明确教学人员的职责，提高他们政治思想方面的、业务知识方面的、教育思想和技能方面的素养，指导教师教好学生就成为提高教育质量实现教育目标的关键。所以学校管理着重要抓好教师队伍的建设管理就是理所当然的了。

学生的成长是在各方面的共同影响下实现的。除了学校这一主要阵地之外，社会、家庭的影响力量也是相当大的。当然，学校教育在一般情况下是起主导作用的，而这种主导作用不仅表现在学校教育是有目的、有组织、有计划地对学生施以影响方面，同时也表现在学校在力所能及的范围内有责任组织、协调社会和家庭的教育影响方面。因此，组织和协调各种教育力量使其对实现学校教育目标产生积极的影响，既是学校管理的任务，也是学校管理的特点之一。

学校管理的过程是科学地组织学校的物资设施、设备使其在实现培养目标上充分发挥作用的过程。如同社会上一般组织、团体一样，要实现其任务必然要具备一定的与其任务相适应的物质条件。学校教育要实现其教育目标也一定要具有与其任务相适应的设施、设备。所不同的是，学校的设施、设备不仅是进行教育工作的基础条件和工具，而且它也是教育的一种因素，要求其具有教育性和更高的科学性的特点。它的设备要具有先进性，能代表当代科学技术发展水平，反映教育现代化的要求，能对学生德智体各方面发生促进的作用。学校的教室、课桌椅、教具仪具、卫生设施、运动场地等基本设备以及学校的环境布置都存在着是否符合科学性和教育性的要求问题。要实现教育目标就要科学地设置、利用和管理学校的物资设备。因此，学校管理要十分重视物资设备的科学性、先进性和教育性，这才能符合现代化教育的要求。

三

在"文化大革命"前的十七年，我国的学校管理工作取得了丰富的经验。这主要表现在分别制定了大、中、小学的暂行工作条例上，这些条例成为搞好学校管理的指导性文件。现在，经过近四年的整顿，不少学校的管理也逐步走上了正轨。当前在学校内部的管理工作方面有下列几个重要课题。

1. 建立以教学为中心，德智体三育一起抓，实行全面质量管理的体制问题

教学是学校经常性的中心任务。学校教育目标主要是通过正确组织教学工作来实现的。因为教学不仅在学校整个教育过程中占绝大多数时间，而且它内容丰富，许多科学知识本身就具有内在的教育性，具有很好的教育作用。只有以教学为中心，加强学校的思想政治教育和体育卫生教育，才能协调好德智体三育之间的关系，才能正确贯彻全面发展的教育方针。因此，学校管理的中心要放在提高教学质量上，学校领导要深入教学第一线经常了解分析教学情况，不断采取措施

提高教学质量，要对师生员工进行思想教育，树立以教学为主的思想。对教师要求教好功课，改进教学方法，使学生在获得知识技能的同时受到思想教育，发展学生的体力和智力；对学生要求努力学好功课，争当"三好"；对职工要求树立为教学服务的思想，保证学校的人力、物力、财力主要用在教学上，为提高教学质量创造条件。

搞好以教学为中心的全面质量管理，要求有明确的质量标准，即要讲究规格。国家制定的教学计划对中小学生的培养任务是有明确规定的。但这只是总的任务和要求，还必须根据总任务要求规定具体的标准。在智育方面，这种标准主要体现在各科教学大纲之中。教学大纲规定了各年级学生的知识范围、程度、技能和技巧等。目前的教学大纲对各年级学生智力发展水平的基本要求还体现得不清晰、不系统，这是有待研究的问题，要使大纲能体现知识、技能、智力三方面的要求。在德育方面的规格过去研究得很少，目前还没有统一的、科学的、具体的标准，这是不利于提高思想品德教育工作质量的。今后要根据思想教育的任务以及中小学学生守则的规定，进一步研究中小学学生在思想品德方面的具体要求，制定中小学思想品德教育大纲，作为教育的根据和标准。在体育方面除要达到体育科教学大纲的要求外，要积极实施国家规定的体育锻炼标准，要使到青少年的身体得到正常的发育成长。

全面质量管理要求建立起管理的系统。要明确规定从教导处到教研组、班级以至教师和学生的学习小组在质量管理方面的职责和制度；要建立学生德智体发展情况的档案，要有基本情况方面的和质量方面的综合的图表、统计，便于了解、分析和改进管理工作。

2. 建立学校工作人员岗位责任制的问题

列宁指出过："管理的基本原则是——一定的人对所管的一定工作完全负责。"[①] 要搞好学校管理也要建立责任制。这就要求根据学校工作的需要，把学校领导、教师、工作人员的职责分别地、极其明确地加以规定，以便各司其职、各尽其责，并且要对他们的活动科学地加以组织和协调，以取得最佳的效果。没有责任制也就无所谓管理。每个学校工作人员都应有明确规定的责任与权力，要把职务、权力和责任统一起来，做到有职、有权、有责。

教育行政部门要制定学校领导人员的职责范围；学校要根据国家要求和自身实际情况制定本校各部门以及教职工的责任条例。要有健全的考核制度来保证责任制的执行。

---

① 列宁. 列宁全集：第36卷 [M]. 北京：人民出版社，1959：554.

学校工作责任制中特别重要而又特别复杂的是教师工作量制度。工作量制度不仅是量的要求，也应该是质的要求，要把质与量统一起来。量是基础，质是核心，没有量为前提，工作效率高低就无标准，而不讲究质就没有规格，工作好坏就无从衡量。工作量的标准如何规定得合理、切合实际，是一个需要认真研究的问题。在制定工作量要求的时候要认真考虑到教师队伍成员的不平衡状况，根据教师的学历、经验不同，级别不同以及所担任课程与其专业是否一致等情况，做到区别对待，不要搞"一刀切"，要防止形式主义。

3. 依靠教师办学，实行民主管理的问题

我们社会主义的学校只有在党的领导下依靠教师来办学才能提高教育质量，这是正反两方面的事实证明了的。依靠教师办学，是学校实行民主管理的根本。

要信任教师、尊重教师的劳动。把教师也看作是学校的主人，是党在学校的依靠力量。学校大事要征求教师意见，乐于听取教师对学校工作的批评和建议，要造成一个教师乐于帮助领导改进工作的良好气氛。学校中的这种气氛是良好的政治气氛、教学气氛、研究气氛的统一表现，也是教师事业心强、有高度的积极性和创造性的表现。学校领导要敢于和善于建立这样一种气氛，只有在这种气氛下，教师的民主权利才能得到真正的保证，教师的积极性和创造性才能充分发挥出来。

依靠教师就要做到了解教师，妥善安排，合理使用，扬长避短，人尽其才。只有在各得其所的组织中，教师的积极性和创造性才能充分发挥出来。

依靠教师办学就要为教师创造一个良好的工作和生活条件，关心教师的思想、业务的提高，关心教师的物质利益。

依靠教师办学与倾听学校其他工作人员、学生的意见应该结合起来，把全校的积极因素调动起来，通过各种途径组织全校人员参加学校的管理工作。

4. 学校领导班子问题

能否正确组织、管理学校工作，归根到底还是在于是否有一个热爱学校工作、有专业知识、懂得学校工作规律的领导班子。这一问题的重要性以及对学校领导管理干部的基本要求，本文就不做具体论述了。

（广东教育学会 1980 年年会论文）

学校管理现代化的探讨

一

所谓教育现代化，是指传统教育向现代教育的过渡，是指现代社会教育的变化。因此，教育现代化的概念，既有时间的含义，又有变化的含义。

教育现代化的最终目标是社会的现代化与人的现代化。教育的现代化与人的现代化是同一过程的两个侧面。教育的现代化是教育各个领域内深刻的变化，包括教育思想的现代化、教育制度和学校制度的现代化、教育内容方法和手段的现代化、教育管理现代化。人的现代化则是人的思想观念、知识能力和生活方式的现代化，而最根本的是指人的素质的现代化。具体地说，教育现代化包括教育事业（学校）的现代化和教育系统工作人员的现代化。只有这两方面的现代化，才能实现培养现代人的目标。教育和学校的现代化，是教育的思想、制度、内容、设施、手段和管理的现代化；教育系统工作人员的现代化，主要是指教育工作者、教师的思想观念、知识能力、教育教学方法的现代化。教育工作的现代化与教育人员的现代化两者是在互相配合中达到互相促进的。

教育现代化是现代社会的必然要求，也是促进社会现代化的强大动力，所以我们必须全力推进教育的现代化。但是，不同的地区、学校由于各自的社会条件不同，必然使各地在实现教育现代化过程中出现差异。有的地区和学校正处在教育现代化的准备阶段，或称为启动时期；有的已进入变革时期，即全面实施时期；而有的可能已达到基本实现的阶段了。不同地区的教育（学校），由于条件的差异，对教育现代化各个阶段的关注自然会有所不同。因此，既不能认为某些学校与教育现代化无关，又不能对教育（学校）的现代化做划一的要求。从不同条件的实际出发，推动教育（学校）现代化的进程才是正确的。

从我国中小学校的实践来看，教育现代化的进程，在大部分中小学还处于准备时期或初始启动阶段。其特征是刚刚实现或即将实现九年制义务教育，办学条件已有一定的改善，学校体制改革初见成效，素质教育的思想初步确立，开始把注意力放到深化教育教学改革上面来；进入全面实施教育现代化的学校还占少数。近年来各地涌现出的一批先进学校，它们是进入实施教育现代化学校的佼佼者。它们的基本特征是：硬件建设和软件建设都已达到相当水平，教育教学改革和学校管理改革均取得明显效果，整体教育质量提高，学校的综合实力大为增加。

二

学校管理思想的现代化，是教育现代化的重要内容。学校管理思想的现代化在学校现代化中起着引导和保证作用。

学校管理思想的现代化，是指要用办现代化教育的教育思想和管理思想来指导学校的管理工作，其核心是管理的科学化，即要从实际出发，按教育规律和管理规律管理学校。它与单纯的经验管理、传统的行政管理或单纯的技术性管理都是不同的。它是在吸取了人类历史上管理思想的精华和现代自然科学、社会科学和管理科学理论的基础上形成的科学的管理思想的组成部分。它包含一系列的管理理论和观念，如教育管理的系统理论、人本理论、动态理论、效益理论、计划决策理论、组织指挥理论、教育激励理论、控制协调理论以及现代教育管理的价值观、伦理观、育人观、质量观、素质观、教师观、学生观、竞争观、人才观、信息观、环境观等所构成的管理观念系统。

有的人认为，学习现代化的教育管理思想，就无须研究、继承我国古代的或传统的教育管理思想了，认为古代的教育管理思想和传统的教育管理思想都是陈腐落后的思想，这是一种误解。无疑，现代的教育管理思想是现代社会的产物，是现代科学技术发展的结果。但是,现代文明是整个人类历史长河中的一段,现代文明与历史文明有着不可分割的联系。许多现代的教育管理思想可以从古代管理思想中找到渊源。特别是我国有几千年的文明历史,出现过许多伟大的、可称为全人类共同财富的学说和理论,其中就包括大量的教育管理的思想。如儒家主张的以人为本的管理思想、德治思想,法家主张的以法为本的管理思想,都对古代教育管理产生过深刻的影响。它与现代教育管理的人本原理和以法治校的思想也是相通的,而且在某些方面比西方有关的理论更为全面深刻。学习研究它,不仅可以古为今用,还可以把古代的、传统的教育管理思想转化为现代的教育管理思想,其中某些方面还可以起到补充和丰富现代教育管理思想的作用。从这个意义上说,某些古代的或传统的教育管理思想是有其现代价值的。总之,我们要以邓小平同志提出的"教育要面向现代化、面向世界、面向未来"为指针,以实现有中国特色的社会主义教育现代化为目标,把总结我国教育管理实践经验和理论成果与学习国外先进的教育管理思想理论,分析研究和吸取我国历史上优秀的教育管理思想理论结合起来,探索和形成有中国特色的现代教育管理思想理论。

三

推进学校现代化是一个复杂而艰巨的系统工程,它涉及和要解决的问题很多。

首先,要增加教育投入,做好基础性的工作。目前,在基础教育方面还有不少薄弱学校,这些学校校舍不足,师资数量不足,缺乏专用教室,图书资料和应有的体育卫生设施等条件很差。由此带来的是生源少、易流动,教育质量甚低。这些学校大部分在贫穷落后地区,它们无法得到各种赞助款,经济创收无门。只有各级政府增加投入才有望解决燃眉之急,才能逐步改善办学条件,否则这一部分学校会拖教育现代化的后腿。对于大批已经开始启动现代化工程的学校,也还需要通过各种渠道筹集经费,不断增大投入,才能大步地迈向现代化的目标。

其次,要加大学校教育改革的力度。改革是推动学校现代化的强大动力,是观念更新的结果。学校教育现代化的过程实际上是改革发展的过程,没有改革就没有学校的现代化。教育改革包含的内容是很广泛的。就学校来说,有教育教学改革,学校内部管理体制改革,办学体制改革,培养人才的目标和模式的改革,等等。1985年以来学校所进行的改革,已经取得很好的效果,给学校带来了生机和活力,推动着现代教育制度和现代学校制度的建设。从建立现代学校制度角度讲,推动学校管理方式的改革,是建设现代化学校的一项重要内容。

管理方式是由管理规范的依据、管理的方法、管理的组织结构和管理的物质手段等方面互相联系所表现出的管理形式。管理方式的现代化，主要是指管理规范法律化、管理方法科学化、管理组织结构的合理化和管理手段的自动化。

管理规范是在管理活动中要求人们遵循的行为准则。管理规范法律化，就是使管理规范成为法律规范，或者依照法律制定规范，至少不能使管理规范与法律相冲突。管理规范法律化是当今学校管理现代化的重要表现。世界上许多国家为了实现学校管理的规范化，都十分重视制定和健全教育法规，既规定了管理机关和管理者的权力和责任，又建立起管理主体和管理对象之间的有关制度，实行依法治教、依法治校。同时管理规范法律化可以有效调节管理系统内外部的责权利关系，使学校管理活动能正常进行。由于管理规范法律化，不但保证了依法治校，保证了管理职能的执行，而且保障了管理系统内外部的协调，大大提高了管理的效率。

管理规范的法律化，要求学校管理要依据国家制定的有关教育法律规章进行，要依据有关法律规章建立和健全学校的各项管理规章制度，改变人治型的、无法可依、有法不依的现象，改变制度管理规范过程中的随意和多变性。

管理方法是为达成管理目标，提高管理效率所使用的一切定型化的思维方法和手段的总和。管理方法科学化就是在当代自然科学和社会科学最新成果的基础上武装、改造管理方法，使管理方法更符合管理活动的规律，从而大大提高管理效率的过程。

学校管理方法的科学化，要求我们既要学习外国的管理方法的科学性，又要吸收和改造我国古代的教育管理思想和我们在学校管理实践中积累的行之有效的方法。当代西方国家管理方法的共同特点是在系统论、信息论、控制论、运筹学等新兴学科基础上产生的科学方法，诸如系统方法、反馈方法、信息方法、目标管理方法和定量管理方法，等等。上述这些新的科学化的管理方法均可以用来充实、改造我国传统的学校管理方法。学校管理的行政方法、经济方法、法律方法、思想教育方法、学术方法、感情投入方法，都是行之有效的方法。要吸取这些方法的实效性，提高它的理论性，将它从经验的方法转变为理论的方法，从重视定性转变为定性与定量相结合的方法。把外国的现代化管理方法与我国行之有效的传统管理方法结合起来，就能大大提高学校管理的效率，实现管理方法的科学化。

学校管理组织结构包括学校管理的组织形式、组织体制、组织的层次与幅度等。学校组织结构是否合理，是管理组织活动能否顺利进行和能否实现有效管理的先决条件。合理的学校组织结构，有助于确立适当的专业分工和权责关系，建立顺畅的信息沟通渠道和成员间良好的人际关系，从而能够促进管理效能的提高。

管理的组织形式是依据管理组织中各个组成部分的分工和权限程度的不同而形成的管理组织结构。陈孝彬教授认为，学校的管理组织形式可分为直线型、蜂窝型、矩阵型、梯型四种。在现实中，学校管理的组织形式，往往是把不同的组织类型结合起来。而在具体管理工作中要依据管理任务和目标的不同采取不同的管理形式。

四

学校现代化建设包括硬件建设和软件建设两大方面。

学校系统的诸种要素，按其存在形式和在办学过程中的作用，可分为两类，即硬件要素或实体性要素、软件要素或非实体性要素。硬件要素包括校舍、设备、设施和人员，它们都具有一定的物质形态，是办学过程中的独立要素，是办学的物质条件和学校实力的基础。软件要素包括思想观念、教育管理、人员素质、教育信息、教育科研、教育质量等。软件要素一般都是以知识形态存在于硬件要素中。

在现实的办学过程中，硬件要素与软件要素相互依存，互为条件。没有硬件为基础的所谓软件，或者离开软件、不能为软件服务的硬件都是很难发挥其作用的。只有当它们有机地结合起来的时候，才能成为提高教育质量的强大力量。

在教育界有一种观点，认为推进学校教育现代化建设一定要先有教育思想等软件的现代化，否则就不可能有学校教育的现代化可言，并认为那些着力于硬件建设的学校，是本末倒置，不可能实现真正的教育现代化。这些观点未免失之偏颇。他们是把硬件与软件对立起来、割裂开来，看不到两者互为依存、互相作用的关系。

诚然，硬件建设要在正确的教育思想指导下才能更好地发挥其功能作用。但是，正确的教育思想观念，怎样才能得以形成和巩固呢？物质是第一性的，意识是第二性的。正确的教育思想的形成也要以一定的物质条件为基础。"办现代化的学校需要有现代化的物质条件"，这本身就是一种现代的教育思想、观念。况且有了现代化的办学条件和手段，又有利于现代教育、教学思想的确立。因此，建设现代化学校，从抓硬件建设开始也是可以的。先抓硬件建设并不意味着忽视软件建设，抓办学条件的改变和完善不是必然忽视教育思想的建设。学校的现代化建设，在指导思想上，应是硬件建设与软件建设并重的，改变办学条件与提高办学水平应同步进行。

但是，某些学校在某一时期内着重抓办学条件的改变，把力量先集中在硬件建设上也是可以的，甚至是必要的。不少学校的实践经验证明，完善的教育教学设备设施以及在教学过程中充分利用现代化的教学工具和手段，不仅能收到提高效率和教育质量的效果，也能提高教师的教学思想水平。过去不少学校离开一定的物质条件和现代化的教学手段去要求教师转变陈旧落后的教学思想，要变传统的"知识传授型"教学为智力开发、能力培养型教学；变只抓尖子忽视多数为面向全体，大面积提高教学质量。但效果总是不明显。不少教师还是认为非增加时间、作业负担不能提高教学质量。近年来许多学校的实践证明，充实和完善现代化的教学手段，在教学中充分利用闭路电视和多媒体等设施，可以有效地提高教学效率，开发学生的智力和能力。这些"硬件"成为教学思想的载体，它发挥出来的效应，有力地促进了教师的现代教学思想的树立。

可见，有了一定的现代化教学设施、工具和手段，能更有效地开发学生的智力，培养学生的手脑并用能力、实践能力、理论结合实际和知行统一能力，才能提高教学效率、减轻师生课业负担，大面积提高教学质量。这样，会使教师在教学实践中领悟和体会到新的教学思想和方法的合理性和必要性，有利于改变那些不讲效率、忽视智力开发和能力培养的，与应试教育相适应的、注入式的陈旧的教学思想。

当然，我们也要看到，的确有些学校只热衷于硬件建设，甚或满足于硬件建设，把学校现代化停留在"硬件一流"上，自觉不自觉地把"硬件"与"软件"割裂开来，忽视或放松教育思想观念等"软件"的建设。结果，未能发挥"硬件"的作用，硬件未能为软件服务，这是不足取的，是片面的现代化。片面的现代化是不能实现学校教育现代化的。

（原载《教育管理研究》1997 年第 3 期）

中小学管理创新初探

一、学校管理创新是现代学校管理的必然要求

(一) 学校管理创新是时代的要求

在即将到来的 21 世纪,信息将成为发展的最大资源。劳动生产率的提高,经济的发展,社会的进步都与知识信息的创新与运用关系十分密切。有学者认为,科学技术、生产力的高度发展和人类社会的进步将使教育在建设新的 21 世纪发挥更为重要的作用。在一定意义上说,谁掌握了教育,谁就掌握了未来。因此,要进一步办好教育,提高教育质量,增强中小学生的创新能力,为培养有创新能力的人才打下基础,是中小学教育面临的重要任务。要完成这一重任,有许多工作要做,其中关键的一环,是要进行学校管理的改革创新。

我国的学校管理,过去对信息是资源的认识不足,没有把信息资源的管理放在应有的位置上,造成管理思想封闭,管理手段落后,学校教育无法适应国内外形势发展的要求。那么,学校教育管理要跟上信息革命的新时代,应该建立一种什么样的教育资源配置模式,怎样收集和及时加工信息使之成为提高教育质量的资源?怎样使信

息成为使师生身心健康,全面发展有利的因素?

随着我国改革开放的深化,国际教育交流将越发频繁,人们将更多地超越自己的国界来思考问题和解决问题。在这种形势下,我国的教育和教育管理应该如何改革和发展?怎样按照邓小平同志的"教育三面向"的要求,建立起有中国特色的教育制度和管理制度?随着人们的心智模式和思维方式的变化,新时代的学校管理者应该有怎样的管理伦理、管理价值观和行为方式?

随着现代化在我国的逐步实现,我国教师的社会地位、经济待遇将会有新的提高,人们工作的动力源也会发生变化。怎样改革学校的劳动人事制度和教师的管理制度?怎样建立起对师生的有效管理模式?学校管理如何从重事不重人、重财不重人、见物不见人的管理真正转到"以人为本"的管理?

随着社会发展的多元化,必然对人才培养提出多元化的要求,人本身就是个性化的人,把社会的要求与人的个性发展结合起来是教育培养人的规律。21世纪更加要求改变那种千篇一律、统一培养目标、统一的大纲和课程、统一的答案、统一的评价标准的状况。怎样创造出各种丰富多彩、各具特色的教育实践模式,使学生个性能得到充分的自由的发展,把提高人的素质落实到每一个人的身上?

上述各个方面,都是21世纪新的时代对学校管理创新的迫切要求。

(二) 学校管理创新是管理的动态性的要求

动态性是学校教育管理的典型特性,学校管理活动,是有效整合学校内有限资源以实现教育目标的动态创造性活动。学校管理者在整合资源过程中会遇到两大问题。第一类问题为程序性问题,即管理者只要按固定的程式投放资源、配置资源、处理问题便可达到预定目标;第二类问题是非程序问题,即管理者没有可以参照的程序或范式来配置资源和处理问题,需要针对这些问题的特性去创设全新的程序或范式,以达到预定的目标。其实,第一类问题,即程序性问题也是过去创新成果的积累,许多程式化的管理制度、过程和方式方法,都是把前人或自己在管理实践中摸索出来的经验加以总结提升而形成的。这些管理范式随着主客观情况的变化,也会不断要求完善或变革,要求有新的做法来适应新情况,即要求管理创新。学校管理的动态性,主要表现在以下三个方面。

第一,作为学校管理对象的人和其他资源既是确定的又是不确定的。一所学校的师生员工是确定的,但在一定条件下和一定的情境中会由于当时的心情、思想、偏好等而影响其原本可以发挥的能力和技巧,造成一定的失误或差错,从适应变为不适应;学校的经费、设施、设备是确定的,但在管理过程中由于会受到众多内部和外界因素的影响,而使其效能发挥受到限制,给教育和教学带来问题和困难。因此,对不同的师生员工和不同的事物要用不同的方式方法进行管理,即要根据不同情况进行创造性管理。

第二，管理过程是在一定时空中开展的，这种时空的一定性既是确定又是不确定的。时空的不确定性关键在于时空本身在变化，即随着管理过程的开展而随其自身规律发展变化。特定时空下的管理方法不会完全适合现时空，甚至完全不适合现时空。例如，改革开放前的学校德育管理的内容和方法已经不适合当前改革开放条件下德育管理的要求。不同的区域，如珠江三角洲地区学校德育的管理与内地山区学校德育的管理就有很大不同，就是同一区域的不同学校的德育管理，也会有差别而不能相互照搬照用。

第三，学校管理需要运用一定的管理工具、手段和方法才能提高管理工作的效果。而现有的管理工具、手段和方法是确定的，但它的运作效果是难以确定的。尤其是软管理的方式方法，如人际沟通的方法、精神激励的方法，其运用效果是难以确定的。有些管理的工具、手段和方法很可能其效果已大为减弱，甚至失去它的应用价值，这就需创造一把新的"钥匙"才行，即在新的时空和对象下需要创造出新的管理工具、手段和方法。

管理的动态性，要求学校管理的改革创新。

（三）学校管理创新是学校改革发展的要求

我国的中小学教育正处在改革发展的关键时期，《中国教育改革和发展纲要》明确指出："中小学要由'应试教育'转向全面提高民族素质的轨道，面向全体学生，全面提高学生思想道德、文化科学、劳动技能和身体心理素质，促进学生生动活泼的发展，办出各自的特色。"目前全国的中小学都在积极探索实施素质教育。过去学校管理的许多措施已不适应素质教育的要求，学校必须建立一套适应素质教育的内部管理机制，改革传统落后的管理模式，从内部引导和规范教师的教育教学行为，实现由"应试教育"向素质教育的转变。

提高办学的质量和效益是学校管理的一项基本任务。这一任务的实现，要求学校管理进行多方面的改革和创新才有可能。管理创新的目标是提高学校有限资源的配置效率，使学校教育和管理获得更大的经济效益和社会效益。一所学校要持续发展，既要提高目前的效益，也要提高未来的效益，即提高学校长远发展的能力。有学者指出，随着改革的深入，自主权的扩大，竞争的激烈，中小学管理者再也不能只关注管理的战术问题了，而是要同时考虑战略问题。中小学的战略管理就是立足长远、放眼全局、以抉择和实施战略为手段来统揽管理工作的各个环节和方面的管理形态。① 作为学校的领导管理者，应把战术管理与战略管理结

---

① 熊川武. 中小学需要战略管理 [J]. 中小学管理，1997（6）：8-9.

合起来。战术管理的创新有利于提高近期的效益,战略管理的创新有利于提高未来的长远效益。两者都在增强学校的实力和竞争力,从而有利于学校持续发展。

可见,学校教育要改革发展,必然要求学校管理要改革创新。

二、学校管理创新是要创造一种有效整合学校资源、提高学校管理水平的新范式

(一) 管理创新与学校管理创新

什么是管理创新?复旦大学芮明杰教授针对企业的管理创新认为,管理创新是指创造一种新的更有效的资源整合范式。这种范式既可以是新的有效整合资源以达成组织目标和责任的全过程式管理,也可以是新的具体资源整合及目标制定等方面的细节管理。他指出,管理创新至少可以包括下列五种情况。[①]

第一,提出一种新的经营思路并加以有效实施。新的经营思路如果是可行的,这便是管理方面的一种创新。但这种经营思路并非针对一个企业而言是新的,而应对所有企业来说都是新的。

第二,创设一个新的组织机构并使之有效运转。组织机构是企业管理活动及其他活动有序化的支撑体系。一个新的组织机构的诞生是一种创新,但如果不能有效运转则成为空想,不是实实在在的创新。

第三,提出一个新的管理方式方法。一个新的管理方式方法能提高生产效率,或使人际关系协调,或能更好地激励员工,等等,这些都有助于企业资源的有效整合以达成企业既定目标和责任。

第四,设计一种新的管理模式。所谓管理模式是指企业综合性的管理范式,是指企业总体资源有效配置实施的范式,这么一个范式如果对所有企业的综合管理而言是新的,则自然是一种创新。

第五,进行一种制度的创新。管理制度是企业资源整合行为的规范,既是企业行为的规范,也是员工行为的规范。规范的变革会给企业行为带来变化,进而有助于资源的有效整合,使企业更上一层楼。

因此,制度创新也是管理创新之一。

上述芮明杰教授对管理创新的阐释,虽然是针对企业管理而言的,但其基本含义也是适用于各行业的管理创新的。我们认为,管理创新的要义是:

管理创新是创造一种更有效的整合组织资源的范式;

---

① 芮明杰. 管理创新 [M]. 上海:上海译文出版社,1997:49-50.

管理创新不仅是一种新的思路,更是一种已经实施证明有效,且能在同类组织中推广的;

管理创新包括创设一种新的组织机构、提出一个新的管理方式方法、设计一种新的管理模式、建立一种新的管理制度等多方面的内容。

什么是学校管理创新?学校管理创新既有一般管理创新的共同性,又有其自身的特点。我们要在掌握管理创新共性的基础上,研究学校管理创新的特点,把管理创新的共性与学校管理创新的特点结合起来。

其一,学校管理是一种教育管理。它是在一个国家或地区的政治、经济、文化等因素约束下,遵循教育自身的规律,运用科学的理论和方法对学校的工作进行预测与规划、组织与指导、协调与控制,使学校的教育资源得到合理配置,以便更有效实现教育目标的活动过程。据此,学校的管理创新要受到更多的社会条件的制约。它的创新必须符合国家和社会的要求,应该符合国家在一定时期内的教育方针政策和基本的教育法规的要求。这意味着学校管理创新的时空受到了一定的限制,从而要求学校管理创新更具有前瞻性、预见性,洞悉教育和学校管理的发展趋势。

其二,学校管理是以育人为中心的管理。它的管理目标、内容、手段、组织、制度和具体措施和安排都是为了实现师生的自由的、充分的全面发展。人在学校管理诸因素中是唯一具有能动性的因素。据此,学校管理创新,不管是办学思路、组织机构、管理模式、管理制度、管理方式方法的创新,要判断其是否科学有效,主要看是否能促进资源的合理配置,是否有利于实现人的全面素质的发展和提高。

其三,学校管理创新成果要有教育科学理论为依据,能创造性地以科学理论为指导,反映先进的教育教学和管理理论水平。其创新水平或表现为发明创造,或整体改进,或部分改进,同时其运用效果表现为显著或比较显著,能在一定范围内推广应用。

根据管理创新的一般理论和学校管理创新的特点,我们可以认为:学校管理创新是在特定的条件下,按照教育和管理自身的规律,构思出一种管理改革的创意,设计出一种新的管理方案(采用一种新的方式方法)。经过实践验证确能提高学校管理水平的管理新范式。

(二)学校管理创新的主要成果和发展前景

自 1985 年《中共中央关于教育体制改革的决定》(以下简称《决定》)发布以来,我国的教育改革得到了蓬勃的发展。特别是 1993 年《中国教育改革和发展纲要》的颁布和实施,使一系列教育改革和发展的措施落到了实处,其中教育管理体制的改革成了整个教育体制改革的突破口，建立"分级办学、分级管理"的新型管理体制和在中小学实行内部管理体制改革，则成为整个教育管理体制改革的核心内容，经过十多年的努力探索和实践，在教育和学校管理创新方面已经取得了许多显著的成效。在分级办学、分级管理方面，按照《决定》的要求，各省、自治区、直辖市都根据本地的实际作出了省、市（地）、县、乡村基础教育分级管理的职责划分规定。实行基础教育管理体制的这一重大改革，改变了中央对地方基础教育管理过多、政府对学校统得过死的传统管理模式，有力地调动了地方各级政府、企事业单位和广大群众办学的积极性，拓宽了教育投入的渠道，促进了办学条件的不断改善和教师待遇的提高，使地方可以按照当地经济发展需要来规划和发展基础教育事业。事实证明，这一管理体制的改革是一种成功的管理创新，它是一种新的有效整合教育资源的管理新范式。在学校内部管理体制改革方面，也有许多卓有成效的探索和创新。有的学者把它归纳为：

（1）普遍进行了"主动适应，自我发展，自我完善"的学校自主办学机制的探索。

（2）普遍进行了"校长负责制、党组织保证与监督、教代会参与管理"的学校管理运行机制的探索。

（3）普遍实行了教育目标责任制、校长任期责任制，建立起目标导向机制。

（4）普遍实行了聘任制，建立起条件公开、双向选择、择优上岗、能进能出的竞争机制。

（5）普遍实行了结构工资制，建立起了收入靠贡献、提级靠绩效的激励机制。

（6）在实施校长负责制过程中普遍进行了以决策科学化、管理民主化、工作规范化为内容的制约机制的探索。①

上述管理创新都是着重于整体性、全局性、全过程的成果，虽仍须不断完善，但在实践中已见到成效。除此之外，还有许多学校都积极地进行了各个工作部门的、各个管理阶段的、更为具体的细节的管理创新的探索，均取得了一定的成效。

在建立有中国特色的教育体制的漫长过程中，要求教育和学校管理改革不断创新，可以断言，未来学校管理创新的可能领域是非常宽广的，预料至少有如下几个方面。

（1）办学思路方面。现代学校要能在市场经济竞争条件下得到更好的生存和发展，要使学校教育适应经济社会发展的要求，要把学校办成现代化的学校，

---

① 刘军. 学校管理机制创新初探［J］. 中小学管理，1998（Z1）：13－14.

首先在办学思路上要有创意，即要有新的思路和方案，并付诸实施，从而形成创新。近年来许多成功的、有特色的学校都是因为在办学思想、管理思想、经营策略、资源的筹集与配置以及发展方式上有新的思路和做法。在办学自主权不断扩大的同时，新的办学思路将层出不穷。

（2）组织机构方面。学校的组织机构基本上规定了学校组织的各个方面，它形成了学校的管理系统。组织机构科学合理，学校运转就能见到成效，各方面的积极性就能调动起来。我国学校的组织机构改革还有许多可以改革创新的空间，如学校组织机构的设置，部门机构的职责、权限、集权与分权的新方式，组织内信息流程及网络的构建，组织机构中人际关系的安排与协调，部门岗位设置和个人才能的发挥，等等。

（3）管理方式方法方面。第二次世界大战后，科学管理的方法有很大的进展，出现了许多被称为"现代管理方法"的方法和技术，其中不少已被引进移植到教育和学校管理中来，如目标管理法、质量管理法、统计分析法、网络计划技术、决策技术、预测技术，等等。在未来的一段时间里学校管理方式方法的探索和创新包括：新的领导管理方式，对师生员工管理方式方法的改进与发展，对德育、教学后勤等各部门管理方法的改进与创新，新的管理手段如信息技术在学校的应用，管理硬件的发展与创新，等等。

（4）管理模式方面。管理模式一般是指一种综合性和全面的管理范式。它是一种具有一定内容和特点的管理范式。管理范式与组织的特点有密切的关系，能结合组织特点创造出新的管理范式并获得成功，这就是管理模式的创新。其实，学校管理模式的创新既可以是全面性的，也可以在学校某一具体管理领域中作出，如教学管理模式、德育管理模式、人事管理模式、后勤管理模式，甚至包括班级管理模式等方面的创新。

（5）管理制度方面。管理制度从学校内部来说，主要有领导制度、人事制度、工资报酬制度以及奖惩制度等校规校纪和教学、德育、后勤、体育卫生和学校评价等方面的规章制度。这些制度的改革创新也是学校管理创新的重要方面。

上述学校管理创新的五个方面，只是一个大致的范围和内容，并没有包括学校管理创新的所有内容。不过由此也可以看出学校管理创新的空间是十分广阔的。

三、学校管理创新要求校长有强烈的创新意识和求实精神

（一）校长要成为学校管理创新的主体

学校管理创新的关键是学校的校长要有强烈的创新意识，有办好学校的使命

感和奋发进取的价值取向。如果校长没有迫切希望改变现有学校面貌，促使学校以及自己管理领域取得更大业绩的使命感，他就不可能有创新意识。只有那些具有追求事业成功和永不满足的价值观的人，才会去攀登管理（事业）的高峰。

校长要成为管理创新的主体，必须能不断地掌握当代最新的管理理论知识、最新的科技动态、最新的文化发展，并能将这些在自己的脑海中加以融会贯通，这是产生对某一问题有超常人看法或认识的基础。只有掌握了这些，他才能用新的科学技术、新的学科知识来研究分析现实的管理问题，从而得到不同于以往的看法、启示，这就是一种创新的灵感。

（二）校长要积极发现和支持中层干部和教职工的创新

我们希望校长成为管理创新的主体，但事实上并不能要求所有的校长都成为一个管理的创新者。一个校长如果能善于发现和支持干部、教职工的创意，同样是一个好校长。在学校中有不少管理者在专业分工条件下对自己职责范围内的事务、人员、资源进行管理。这些部门管理都有管理创意的空间。作为一个群体的员工也可以产生不少创意，即"三个臭皮匠可以顶个诸葛亮"。他们可以提出许多合理化的建议，学校可以建立合理化建议制度，组织质量管理小组、创造发明小组等。校长如果能重视和支持中层干部、教职工的创新，学校就会有许多人参加创新，进行管理创新的探索。

（三）学校管理创新要从实际出发，有实事求是的精神

学校管理要创新、能够创新，这是确定无疑的，但学校管理创新是非常不容易和困难的。这里既有许多外部的客观条件和人为因素的制约，也有学校内部的主观因素影响。所以学校管理改革创新既要解放思想，又要十分谨慎，要从实际出发，从本校的实际情况出发，每一次（项）创新"都必须明确有实效而并非为了标新立异"[①]。校长要对固定不变的模式和规格表示怀疑，要对那些过了时的传统、顽固落后的东西进行大胆革新，同时也要有科学态度，能谨慎地、迅速地制止那些脱离实际的，未经实践证明可行的生硬模式的采用。对一些被实践证明有效，带有规律性的经验和传统是需要保留的。在发扬传统的基础上把事情办得更好，把教育和管理推向新的台阶，也就是一种创新。

（原载《广东教育学院学报》1999 年第 6 期）

---

① 培根. 人生论 [M]. 长沙：湖南文艺出版社，1992.

对中小学实行校长负责制的几点看法

一、校长负责制与校长的素养

在学校管理体制改革的讨论中，有人认为，现行体制所产生的党政不分，党支部书记与校长在工作中的一些矛盾，不是体制本身的问题，而是书记、校长个人素养的问题；领导者个人的素质是主要的，组织体制是次要的；只要书记和校长的个人素养提高了，矛盾就可以解决，不必把现行领导体制改为校长负责制。而另外有些同志则持相反的意见，认为主要是现行领导体制不合理，只要领导体制改革了，实行了校长负责制，学校就可以办好。

按照管理科学的理论来分析，上述两种看法都有一定道理，但均是各持一端，因而有很大的片面性。

现代管理科学的组织原理认为，一个组织的效能、效率如何，与该组织结构的合理程度成正比。因此，现代管理科学着重于对组织状况的研究和探讨，而不是着重于对领导者个人的特质的分析。对领导者个人特质的研究、考察，必须把他放在组织中加以分析，首先要确定他在组织中的地位和作用，然后再来挑选适合这种作用的人选，这样就可以避免求全责备。现在有的人光从抽象的校长个人素养、条件出发考虑问题，认为目前我国中小学校长个人素养不高，要实行校长负责制条件不成熟，因此主张维持原有体制不变。这是一种"个人素养决定论"。

领导者的个人素养在组织结构中的重要性是毋庸置疑的。有了合理的组织结构、领导管理制度，如无合适的人选，事情肯定办不好，组织的效能也不能提高。所以要重视领导者的个人素养。在合理的组织体制下，强调干部决定一切，是有道理的。但是不能说，只要有了合适的人选，不合理的组织结构也无关紧要。事实上，一个不合理的组织结构、领导体制，即使有最好的人选，但由于内部摩擦和互相推诿，也会影响组织的效能和效率。

我认为，首先，实行校长负责制是解决学校内部领导体制中组织结构与学校领导者个人素养关系的最理想的办法，使校长有可能行使统一的指挥权，有利于实行党政分工，从而有利于加强和改善党的领导，充分发挥学校各部门的最佳效能和效率，充分调动学校所有人员的积极性。其次，校长负责制本身也是对校长个人素养的一种要求。因为要充分发挥这种领导体制的优越性，就必须挑选或培养一个合格的校长。有的学校实行了校长负责制，但在校长人选上不加注意，还是老班子、老办法，名为校长负责，实则由于校长素养不高，没有具备承担办好学校的责任感、知识和能力，其结果仍无助于学校管理效能和效率的提高，达不到改革领导体制的目的。所以改变领导体制与选拔一个好校长应是同步进行的，是一件事情的两个方面。也就是说，高效能、高效率的领导体制应该是合理的组织结构和领导者个人良好素养的融合和统一。

二、校长负责制与教育行政部门的改革

实行校长负责制后，校长与上级领导应是一种什么关系？有人错误地认为，由于校长对学校的一切重大问题都有决策权，上级的领导作用就不大了。而有些上级教育行政部门的同志又认为，实行校长负责制不过是学校内部管理体制的改革，与教育行政部门关系不大，因而忽视学校的上级行政部门应做的相应改革。上述两种看法和做法都是不对的。

实行校长负责制后，校长的责任是比以前增大了。他要对上级负责，对学校工作负责，对师生、家长负责。对上级负责，就要按照党的教育方针办学，贯彻执行上级的指示和原则规定；对学校工作负责，就要按教育规律办学，全面完成学校的教育任务；对师生、家长负责，就要为师生服务，调动各方面积极性，把

学生培养好。因此，实行校长负责制，校长必须认真考虑如何更好地承担起对上级应负的责任。办学过程中出现重大问题时，还是要及时向上级部门请示报告的。

另一方面，学校实行校长负责制后，上级教育行政部门对学校的领导管理也应做相应的改革，应侧重在宏观的指导上，而不是强行干涉甚至代替校长的工作。因为作为学校上一层次的教育行政部门，主要任务应该有两项：一是根据教育目标的要求发出指令信息，并考核指令执行的结果；二是协调下一层次各子系统之间的关系。至于如何执行这些指令，就应该给学校以充分的自主权，改变上级对学校统得过死、管得过严的情况。这样才能发挥校长在学校管理工作中的积极性和创造性，实现对学校的有效领导。

那么，教育行政部门应该下放哪些权力给学校呢？我认为校长需要有如下基本权力。

一是提名副校长和任免其他行政干部的权力。按领导科学的要求，领导管理者要实现其领导职能，就必须同时考虑与被领导者的关系问题。校长要使自己的指挥权、控制权生效，要使自己的指挥畅通无阻，必须有权选择自己的助手及下属组织的负责人，这样才有可能为校长工作的顺利进行扫清障碍。有的人担心由校长组阁和任命中层干部是否会有副作用，这种疑虑是多余的。用人的信条应该是"用人不疑，疑人不用"，既然将办好学校的责任委托给了校长，又怀疑他是否会结党营私搞小集团，而不敢赋予他应有的权力，岂不是自相矛盾吗？退一步说，即使有些校长思想不正，拉帮结派，那也不用怕，群众会看清楚的，到头来这种人肯定会被群众所抛弃。

二是教职工的人事管理权。管好学校，最重要的是把教职工特别是教师队伍建设好、管理好。校长应有对教师的使用、考核、奖惩等作出决定的权力。

三是教育教学工作管理权。学校的教育教学工作计划和日常行政事务，在不违反上级原则规定的情况下，校长有权根据学校的实际情况加以适当的安排，如学校思想教育的内容，教学改革的重点，教改试验方案，学生的奖惩等。

四是财务和校产管理权。学校对上级的拨款、学杂费留成、勤工俭学以及社会赞助等各种收入，有权按财务制度的规定自行安排使用。学校的校舍、场地、设备，学校有权管理和使用，任何部门（包括上级主管部门）均不得随意占用。实行校长负责制既是学校内部管理体制的改革，也要求上级教育行政部门对学校的领导管理进行相应改革，真正简政放权。这是实行校长负责制的必要条件。

三、校长负责制与学校管理监督的民主化

实行校长负责制真正体现了校长是学校行政的负责人。但是，是否又会出现校长个人说了算，把领导体制的改革变成一种单纯的个人权力的转移？有人提出，以往学校内部领导体制改革存在的一个通病是："学校领导大权总是在少数几个人之间转移，翻来覆去还是一两个人说了算。"这是值得警惕的。记得1952年后的一段时间，我们的学校也曾实行过校长负责制，不少学校就曾出现过校长独断专行的情况。究其原因，是因为当时实行的校长负责制还不够完善，没有把校长负责制与学校管理监督的民主化结合起来。

实行学校管理和监督的民主化，是完善校长负责制的重要内容。按现代管理科学的组织原理，完善的领导管理机构必须包括决策指挥机构、咨询监督机构和执行机构。实行学校管理的科学化，必须以管理的民主化为基础。民主管理是社会主义管理的一条重要原则。虽然校长对学校的管理有最后的决策权，但是，一个人的知识、智慧、才能毕竟是有限的，特别是在当前新的技术革命的条件下，学校要适应当前形势，要根据"三个面向"的要求进行改革，其决策的复杂性和责任大大提高了，单靠校长个人是不能正确地、及时地解决办学中的所有问题的，必须重视发挥群众的智慧，使领导与群众都积极地共同参与决策的制定与执行。

对学校管理的监督也是管理科学的封闭原理的要求。为防止校长滥用职权而带来工作上的失误，就应该建立反馈系统。因此，实行校长负责制后，在上级教育行政部门建立视导机构，加强对学校工作的检查监督就显得十分需要和迫切了。

学校的党组织在学校中起着保证和监督党的各项方针政策的落实和国家教育计划的实现的作用。一方面党组织要彻底改变包揽学校行政事务的偏向，尊重校长作为学校行政负责人的地位，支持校长在学校管理方面的决策权和指挥权。另一方面又要积极负起保证上级方针政策落实，监督学校行政正确贯彻方针政策，全面完成教育任务的责任。党组织的工作重点应当放到集中力量搞好党的建设，抓好党员和干部素质的提高，抓好教职员工的思想政治工作，发挥党员的先锋模范作用方面上来。要密切支部书记与校长的协作，做到校长决策前，书记当参谋；校长决策时，书记当后盾；校长决策后，书记帮排难。

校务委员会、教职工代表大会，是一种咨询、审议机构，是民主管理学校的

一种组织制度上的保证。校长若能主动地、充分地发挥它们的作用，就能最大限度地调动教职员工参与学校管理的积极性，这是办好学校的基本保证之一。

总之，实行校长负责制后，校长在法定的地位上，是学校的负责人，他应当拥有对学校行政管理的决策权、指挥权。赋予校长这种地位和权力的目的是为了提高学校管理工作的效能和效率，完成政府和人民群众委托给校长办好学校的任务。因此，凡是真正理解了实行校长负责制真正意义的校长，他必定是能主动接受来自上级和校内各方面的监督的。加强民主管理很重要。

(原载 1985 年 9 月 21 日、1985 年 10 月 5 日《中国教育报》)

学校工作责任制问题初探

要改变我国目前教育落后的状况，除了把教育列为发展国民经济的战略重点，增大智力投资的比例以外，还有一个教育部门本身如何科学地规划、改革、挖潜的问题。中央领导同志多次指出，国家机关各部门、各单位、各项工作都要建立责任制，这是进一步推动机构改革、转变作风、提高效率、搞好"四化"建设的重要手段。那么，学校工作要不要实行责任制？如何实行责任制？本文试图就与此有关的几个主要问题略加论述。

一

列宁指出过，管理的基本原则，是一定的人对所管理的一定的工作完全负责，这就是责任制。它要求管理者根据社会生产和生活的需要，把社会成员分配于各个不同的岗位上，把他们的责任极其明确地和分别地加以规定，各司其职，各负其责，并对他们的活动科学地加以组织和协调，以取得最佳效果。以往的经验说明，没有责任制，就不会有良好的管理。

现代管理科学系统论的整分合原则（又称为分工合作原则）告诉我们，要提高工作效率，必须对如何完成整项工作有充分细致的了解；在此基础上，将它分解成一个个基本要素，根据明确的分工，把每项工作规范化，建立责任制，落实到每一个工作人员；并协调劳动者（工作者）的关系，进行有效的综合，使分工与协作结合起来，实现共同的目标。协作是以分工为前提的。没有分工，也就无所谓协作，其结果只能是"吃大锅饭"。因此责任制首先要求要有明确的分工。同样，分工之后，不做好协调工作，工作的效果也一定不好。所以只有在合理分工的基础上组织起严密有效的协作，才是现代的科学管理。

教育工作是搞"精神生产"的，它与物质生产有所不同。但学校是一个多结构、多层次、多系列的系统，要实现培养人这个统一的任务，也必须要有学校各部门、各种人员的分工与协作。所以责任制的原则同样适用于学校。

当前，大多数中小学校的管理水平是不高的。其中一个重要的原因就是没有建立和健全适合学校工作特点的责任制。比如，近年来许多学校片面追求升学率，忽视德育和学生身体健康，这样的做法，当然是教育思想不端正的表现，但与没有把全面贯彻教育方针作为每一位教师的职责，并作为工作责任制的重要内容明确规定下来，也不无关系。而有的学校，由于在端正教育思想的同时，能从本校实际出发，在岗位责任制里明确规定了班级德育、智育、体育、卫生保健的标准和优等生、合格率、不及格生的控制比例，就有效地克服了过去那种偏重智育、忽视德育和体育以及只抓少数尖子生、放弃差生的倾向。又比如有的中小学教师干多干少一个样，干好干坏一个样，对积极努力取得较好教学工作效果的教师没有给予应有的奖励，对少数不负责任的教师不追究其责任，赏罚不明，因而阻碍了教职工积极性的充分发挥。可见，建立责任制是解决当前学校管理水平不高所带来的许多问题的有效手段之一。

二

建立和实行学校工作责任制，必须明确如下几个问题。

（一）目的要明确

管理的目的在于促进工作成效。不断提高职工的工作成效是管理人员的根本责任。在学校实行责任制，其目的主要是为了促使每一个教工在全面贯彻教育方针、提高教育质量方面都能取得较好的工作成绩。教师的工作是一种特殊的、复杂的精神生产劳动，在整个劳动过程中，起决定作用的因素是教师本人的自觉性和积极性。这就要求我们必须把责任制建立在信任群众的基础上。只有这样的责任制，才能为群众所接受和欢迎，才能真正调动群众的工作积极性，增强教工的主人翁的责任感。因此，在制定和实行学校工作责任制过程中，要做好政治思想工作。学校管理者，应该经常深入了解教工在对待和执行责任制过程中所产生的思想问题、实际工作困难，不断统一认识，调整各种关系，帮助、督促、鼓励教工按责任制的要求做好本职工作。有的学校把实行责任制片面理解为只是限制和约束教职工的一种手段，引起了教职工的反感，因而收不到真正调动教工积极性、做好工作的效果。这种做法显然是错误的。

（二）工作标准的制定要科学

建立和实行学校工作责任制，要求制定一个比较科学的各种工作人员的职责范围和具体要求，作为检查和衡量工作质量的标准。所谓比较科学，最重要的是要符合学校教育工作的规律和特点，有利于学生在德智体各方面的全面发展。如果只规定各课程的分数指标，对德育、体育方面却没有提出具体要求，势必造成一些教师只抓文化学科的平均分和合格率，冲击团队活动和体育课等现象，这显然是不利于学生的全面发展的。

学校教育工作与物质生产有所不同，培养人的工作受到多方面复杂因素的制约，其数量和质量的指标，不可能像物质产品那样规定得十分具体。因而，管理职能的活动，不易而且不能采取单一的技术手段和方式来进行。它既要做定量分析，用数字来说明，也要做定性分析，用文字或实际效果做综合的说明。另外，衡量一所学校的工作还要了解其工作的全过程。有些教育工作效果一时看来是好的，但其过程不一定都符合教育、培养人的规律，从长远看，从教育对象内在品质的培养上看，甚至可能会造成危害。例如有的学校、班级的学习考试分数及格率、优秀率、升学率是高的，但不一定德智体都发展得很好。况且，德智体的发展是一个长过程，不容易在短时间内作出判断。这说明制定衡量教育工作质量的工作标准是比较困难和复杂的，绝对划一的标准，甚至是不可行的。然而，比较科学的为大家所认可的相对统一的标准却是应该有的。这种标准只能来自以党的方针为指导、以教学大纲和教学计划为依据，而又经过全体教工讨论认可的工作计划和目标。

从当前中小学实施责任制的经验来看，责任制可分为领导管理工作责任制、教学工作责任制、班主任工作责任制和部门工作责任制等几种。相应的可制定《校长职责》《教导主任职责》《总务主任职责》《科任教师职责》《班主任职责》《职员职责》《工人职责》等规范要求。在明确职责的基础上制定出各项具体工作要求，这些具体要求既有定性的也有定量的。然后把所有要求用百分制的记分形式使之数量化，作为检查、统计、比较完成责任程度的标准。

下面，根据上述要求并参照一些学校的做法，试拟几种责任制的质量标准：

1. 领导管理工作（100分）

（1）能按学校计划要求，想方设法积极主动地开展分工管理的工作，取得良好效果（20分）；基本完成工作任务，效果一般（10分）。

（2）蹲点的班级工作主动，完成任务好，效果显著（15分）；基本完成任务，效果一般（10分）。

（3）深入教育、教学工作第一线，认真帮助教师总结改进教学，提高教育、教学工作质量。全学期听课30节以上，总结经验一份以上（15分）。

（4）关心教师思想、工作和生活，每学期与分管年级各班任课教师谈心及家访一次以上（10分）。

（5）所兼任课程教学质量较好，学生学习成绩达到学校要求（20分）。

2. 班主任工作（100分）

（1）按班主任工作条例和学校工作计划要求，制订班级工作计划（5分）。

（2）上好班会课和思想品德课，课课有计划、有准备，效果较好（10分）。

（3）团、队、班委会等组织制度健全，形成良好的班风（10分）。

（4）学生出勤率高。出勤率达98%以上，全勤率达50%以上，消灭旷课现象，迟到极少（5分）。

（5）开展学雷锋、创三好、做好事活动深入扎实，生动活泼。学生做好事人数在95%以上，三好学生达20%以上（10分）。

（6）有计划、有指导地开展文体科技活动，效果较好，体育锻炼达标率在50%以上（10分）。

（7）班级学生课内外纪律良好，不出现较大的违纪事件（10分）。

（8）清洁卫生工作和环境美化工作良好（10分）。

（9）做好家访工作，密切与家长的联系。全期普访一次，重点多访（15分）。

（10）做好班主任工作记录，期末做好班主任工作总结（15分）。

3. 教学工作（100分）

（1）根据教学大纲和学校计划要求，制订所任学科教学计划（5分）。

（2）认真备课，不缺写教案（10分）。

（3）不断改进课堂教学方法，既重视"双基"传授，又重视智能的培养，进行启发式教学，做到教书育人（20分）。

（4）坚持参加集体备课、互相听课，全期听课15节以上（10分）。

（5）搞好课外辅导和作业批改，积极开展学科课外活动（10分）。

（6）定期总结分析教学质量，有单元小分析、期中阶段分析、期末综合分析（10分）。

（7）所任学科合格率、平均成绩和优秀生比例达到学校要求（20分）。

（8）总结教学经验，全期做教学工作专题总结一份以上（15分）。

上述试拟标准，只是一个"常模"罢了。重要的是各校要根据自己的实际，不断增减内容，调整给分比例，以便做到既全面合理又切实可行。

（三）考核与评定办法

实行和坚持学校工作责任制，必须有认真和切实可行的考核与评定办法。实践证明，尽管对每一个人的工作职责和质量要求有了明确具体的标准，但如果没有进行客观的考核与评定，对每位教工的工作质量就只能获得一个若明若暗的笼统的印象，责任制就只会流于形式。

考核与评定是最重要而又最困难的一种反馈控制技术。说它重要，因为它是管理对象中诸因素的最重要因素。它所评价的是人，对人的评价不当，不仅影响工作积极性，还关系到人才的使用。说它困难，是因为虽然有责任制的具体要求作为考评的主要依据，但标准也不易掌握得好。在许多情况下，相当一部分评估过程要靠评估者的判断，这就不容易有完全的客观标准。加上每位教工的性格修养不同，必然就会对成绩评定作出不同的反应。评定的结果可能在多数人身上能产生积极作用，也可能在一部分人当中引起不满，会造成消极作用。

教工工作质量考核评定的效果取决于以下三个方面。

一是学校领导管理人员必须深入实际，注意经常了解教工的工作过程和工作成绩，经常联系群众，依靠群众掌握评定工作成绩的各种信息。这样就比较容易做到公平合理。要防止由于管理人员、考核人员的片面性所造成的成绩考核与评定的不公平。

二是要做好被评定人员的思想工作，使能正确对待评定。特别是对一些没能取得好的评定成绩的人，更要耐心帮助教育，指出其不足之处和今后努力的方向，鼓励和指导他们在今后工作中取得成绩。对这类教工，有意无意施加各种压力而不给予具体帮助的做法都是不对的。

三是在考评的方法上要做到个人与集体相结合、领导与群众相结合、平时考察与定期考评相结合。可由学校行政领导、教工会负责人、教工代表组成考评小组。具体步骤与实施办法是：先由教工本人对照工作质量要求进行自我分析和评分，然后在教研组或部门范围内由各教工互相评议。在此基础上由学校考评小组做出评定。评定包括记分和评语。考评一般以每学期进行一次为宜。每次考评的结果要与教工本人见面和记入教师业务档案，作为今后晋级的一项依据。

（四）奖罚手段的运用

在坚持思想教育为主的前提下，把责任制和适当的经济利益挂起钩来，是必要的。一些地区和学校对超工作量和完成各种责任制取得显著成绩者给予一定的物质奖励，这在调动教工积极性、全面提高教育质量方面，收到了很好的效果。但是，不要把对教工的奖励仅限于或偏重于物质奖励方面，不能把工厂的"按件计酬"的方法搬到学校中来，把本来应完成的职责范围内的每项工作也列入金钱奖励范围。因为在社会主义条件下，劳动人民成了国家和社会的主人，虽然劳动仍然是作为谋生的一种手段，但劳动目的不单是为了个人的物质享受。人们应同时把劳动与实现社会主义四个现代化和共产主义远大目标联系起来。特别是在学校管理中，必须始终记住，它是社会主义精神文明建设的前哨，是培养有理想、有道德、有知识、守纪律的青年一代的阵地。教职工是青少年的教育者、榜样和楷模，应该正确对待工作和报酬。那种按酬付劳、有钱奖就干、无钱奖就不干的思想和态度是与教育者的崇高形象不相容的，是与以共产主义思想为核心的精神文明建设不相容的。另外，从从事精神生产的教师的心理特点来看，也必须把精神鼓励放在第一位。因为在社会主义条件下，学校教师一般对自己从事的工作都有较深刻的认识，对人生的价值估计较高，他们中的大多数人，对精神生活的追求比对金钱的追求更为强烈。学校管理人员要充分看到教师的这种心理特点，在关怀教工的物质利益的同时，要十分重视从精神方面鼓励他们，帮助他们树立起强烈的责任感和事业心，满足他们的心理要求。总之，正确的奖励原则应是物质奖励和精神鼓励结合，以精神鼓励为主。

至于对教工在实行责任制过程中存在的一些缺点和问题，应以正面教育为主，一般不应采取罚款的方式。当然，对那些因工作失职造成较大经济损失的事例应另当别论。一些学校对教工的缺点和不足采用扣分后还要给予罚款的做法是不可取的。

（原载《广州研究》1984 年第 4 期）

浅议中小学实行目标管理的若干问题

一

马克思在《资本论》中指出:"劳动过程结束时得到的结果,在这个过程开始时就已经观念地存在着。"这说明人类的劳动、社会活动总是与一定的目的相联系。任何活动过程的效率如何、结果怎样,与活动主体事先所设计、确定的目标是否正确恰当有十分密切的关系。因此现代管理科学十分重视管理目标和目标管理的研究。

目标管理的理论是在企业管理的研究和实践中提出和发展起来的。20世纪50年代美国著名管理学家彼得·德鲁克在《管理实践》一书中首先使用了"目标管理"的概念,接着又提出了"目标管理和自我控制"的主张。目标管理是根据企业目标,控制企业生产经营活动的全过程,对企业实行全面综合性管理的一种科学方法。其主要意思是指企业管理要先确定企业在一定时期内的经营总目标,并据以确定企业内部各部门的分目标,使企业上下都按规定目标进行管理,从而完成目标规定的任务。近年来国内外都有人把目标管理的理论运用到学校管理中来并取得了较为理想的管理效果。当然,学校管理与企业管理有本质的不同，但作为一种管理方法、体制和技术也可运用到学校管理工作中来。这是因为学校管理也是一种社会活动的过程，任何管理都是为了达成某种预定目标，学校管理工作也需要有恰切的目标。离开了目标，学校管理工作也会失去方向、失去动力，失去评估工作成效的标准。所以研究学校目标管理问题，是提高学校管理水平的一个重要问题。

第一，目标管理有利于学校教育目标的实现。学校管理目标与国家规定的教育目标是密切联系又互相区别的不同概念。学校管理目标是指一所学校在一定时间的管理工作所要达到的基本要求，它包括学校管理工作的总体目标、人事组织目标、教育教学管理目标、总务后勤工作目标等。而教育目标则是指学校教育培养对象应达到的规格。从目标系统结构来看，学校管理目标是教育目标的分系统，是属于下一层次的子系统，它是受教育目标制约并为实现教育目标服务的。而教育目标则是学校管理目标的上一层次，它是确定学校管理目标的重要依据。

在实际工作中，有的学校管理者由于没有弄清楚教育目标与学校管理目标的关系，就容易出现两种错误偏向：一种是以教育目标代替学校管理目标。他们认为，只要明确教育目标就可以了，不需要另外搞什么管理目标。由于管理工作的总目的没有转化为一定时期各种更为具体的目标，更没有在管理工作的总目标下明确部门目标和个人执行目标，结果管理工作的效率与效能很低，管理工作的水平无法提高，也就很难圆满地实现教育目标。另一种是离开国家规定的教育目标去确定学校的管理目标。最为典型的是把片面追求升学率作为学校教学工作管理的目标。他们采取了种种管理手段，如过早的文理分班，面向少数尖子生、放松思想政治教育工作，取消体育和生产劳动，等等。管理效率不能说不高，可就是从根本上违背了教育目标，违背了社会主义教育的正确方向。由此可见，要克服上述两种倾向，实现国家规定的教育目标，就要求学校管理者制定一个适切的学校管理目标。实行目标管理，就必须把学校教育目标加以分解落实，也就有效地落实了国家教育计划。

第二，目标管理有利于学校工作责任制的推行。目前在学校推行的各种工作责任制，实际上也应是目标管理的一种实施形式。就拿作为教育管理的一种分权化形式的校长负责制来说，它的实行不仅要有明确的责任和权限，而且要求校长要制定一个明确的管理学校的方案、纲领。这个方案、纲领实际上就是学校管理工作的基本要求，也就是管理工作所要达到的基本目标。就学校内部各部门、各种人员的工作责任制来说，也是以实现一定目标为前提的。责任制的管理体制，也是一种分权的管理体制。如果上级只是向下级授权而不要求下级管理人员制定明确的管理目标，那么，上级所制定的方案、纲领就不能得到很好的施行，甚至可能带来工作上的失误，也就达不到分权管理的目的。只有通过实行目标管理，使学校各部门、各种管理人员都明确自己的管理目标，才能使各项管理工作有效地进行，才能更好地进行监督和考核。所以，工作责任制要以制定一定的目标为前提，要以实现目标的好坏程度为标准，从而推动责任制的贯彻执行。

第三，目标管理有利于开发学校管理人员的能力。管理人员的管理能力与管理水平高低成正比。目前学校管理人员的管理能力参差不齐，就大多数人来说管理能力是不强的。主要是没有受过管理学的教育和训练，不懂得管理科学，缺乏管理理论知识的指导，停留在小生产管理，即经验管理的水平上。这是与学校管理改革的要求不相适应的。通过实行目标管理，在管理实践中学习目标管理的理论和方法，按照制定的管理目标进行管理，就能大大提高管理水平。所以目标管理本身也是一个开发管理人员的能力，最大限度发挥一个人的能力的系统。从这个角度看，也是发挥在职培训功能的系统。

二

中小学的目标管理是一项很复杂的系统工程，除了具有企业目标管理的目的性、整体性、层次性和民主性等多方面的特点外，根据我国中小学校的性质、任务和办学经验，中小学目标管理还要特别注意管理目标的系统性。目标必须体现以下几个方面

（一）全面贯彻教育方针

学校管理工作的最终目标是实现教育方针和培养目标。因此，学校领导必须把它作为管理工作的主要目标。这里至少应包括如下内容：以"三个面向"为指针进行教育改革；加强思想品德教育，采取切实有效的措施和运用生动活泼的形式对学生进行理想教育、道德教育和纪律教育；各科教学要按教学大纲的基本要求，贯彻"少、精、活"的原则，使学生学得扎实、灵活，重在发展智力，培养能力；要搞好体育卫生保健工作，使学生健康状况良好，体质不断增强；要加强美育和劳动技术教育，培养学生辨别美丑和创造美的初步能力，培养学生一定的劳动技能和劳动习惯。为此，学校领导在管理工作中必须协调好德、智、体、美、劳等方面教育内容之间的关系，并从学校实际情况出发，提出全面贯彻教育方针的各项具体指标要求。

（二）建立高效的学校管理组织系统

这是实现学校教育目标的重要条件和组织保证。只有建立起科学的管理系统，才能促使学校各部门及其成员按照各自管理职能的特性形成自身的执行目

标,有效地进行各项工作和活动。这方面主要是根据学校实际建立和健全各种组织机构,明确管理层次。因为学校本身就是一个多层次、多结构、多系列、多因素的有机集合体。要使学校这个系统能正常有效地运转,就必须有明确的管理层次,规定各层次的管理活动范围和相应的活动方式,健全规章制度和各种人员的岗位责任制。只有实行责任制才能使各个管理层次和各种工作人员职责分明,才能防止层次混乱和无人负责的现象,使正常的管理有一套规范化、制度化的做法。因此,要以精简、高效为目标提出具体的指标要求。

(三) 建设一支又红又专的教师队伍

邓小平同志说过,一个学校能不能为无产阶级培养合格人才,培养德、智、体全面发展,有社会主义觉悟,有文化的劳动者,关键在教师。胡耀邦同志提出的教师要有比较渊博的知识,要认真研究掌握教育科学、懂得教育规律,要有高尚的道德品质和崇高的精神境界,都是教师队伍建设的指导思想。

建设又红又专的教师队伍,要围绕目标要求,抓住几个带关键性的措施。首先是要用党的教育方针和先进的教育思想武装教师,要加强教师职业道德教育,培养教师热爱教育事业、热爱学生、对学生全面负责的精神。其次是要通过各种途径切实提高教师的文化科学知识水平和业务工作能力,有计划地帮助教师提高学力合格率。对青年教师要求他们有较全面的知识基础,学好科学知识中最薄弱的环节;对中年教师要求他们在某一学科中的某一领域有专长,使其教学更深入,并能较好地指导课外活动、科技活动,有利于特殊人才的成长;从组织上配备好各年级的教学力量,实现老、中、青三结合,搞好传、帮、带和互相学习、互相促进。逐步要求实现教学安排大、小循环制度。最后,要认真组织教师学习教育理论和先进的教学改革经验,要求教师具有一定的开展教学改革的能力,要有教育、教学改革试验的计划和总结教育、教学经验的具体目标要求。

(四) 形成良好的、有自己学校特色的校风

校风,是学校精神文明建设成果的重要标志。学校领导要把形成和提高优良校风作为学校管理工作的一个主要目标。

校风是由领导作风、教风和学风构成的。因此,校风建设必须对上述三方面提出明确具体的目标和要求。当然,由于各校情况不同,这些目标和要求不能千篇一律。对领导作风的主要要求是:坚定地执行党的路线、政策,贯彻党的教育方针;努力钻研业务,亲临教学第一线,做教育改革的带头人;认真学习教育科学和管理科学,按教育规律和管理规律办事;一切工作从实际出发,实事求是;作风民主,依靠教师群众,关心教职工、学生的思想、学习、工作和生活。对教风的主要要求是:对学生全面负责,深入了解学生实际,与学生打成一片,不仅

要管好课内，也要管好课外，全面关心学生成长，教书育人；教学认真，深入钻研教材，改革教学方法，提高学生自学能力；积极开展教研活动，同事之间互相听课、互相学习、互相切磋，共同提高，不断提高教学质量。对学风的主要要求是：有明确的、端正的学习目的，有刻苦认真的学习态度，有科学的学习方法。要求学生认真听好每一堂课，集中听讲、积极思考；要求学生扎扎实实学好基础知识，进行基本训练，做好每一道习题，做好每一个实验；要求学生充分利用学习时间，科学安排学习活动，提高学习效率；要求学生努力掌握自学方法，并在学习面前不回避困难，掌握各科学习规律，进行创造性的学习；要求学生尊重老师、虚心学习，形成尊师风气。

（五）创设一个良好的教育环境，不断改善办学条件

学校的环境和设施设备直接影响着师生学习、工作、生活、心理状态和学校秩序，良好的环境和设备是教育教学工作的积极因素。因此，必须把它作为学校管理的目标之一。一是要努力争取各方面的支持，有计划、有步骤地建设校舍、校园，改善教学设备。在中学要特别重视实验室、图书室的建设；在小学要在实现"一无两有"的基础上逐步充实教学设备和图书资料。二是学校环境布置要符合思想教育、教学工作的要求，有助于把学生培养成热爱党、热爱社会主义祖国、坚持无产阶级革命事业、坚持马克思列宁主义毛泽东思想的革命后代；有助于培养学生从小就爱科学、学科学、用科学的学习风气；有助于促进学生求知欲望和智力体力的发展。为此，要设置必要的教育阵地，如体现各时期对学生的主要要求的、少而精的标语口号、科学园地、黑板报及各种专栏等。三是校园要整齐、清洁、绿化、美化。要有计划地组织师生自己动手种草、种树、种花。有条件的还可修建喷水池、花圃、凉亭、有教育意义的塑像等。要建立卫生保洁制度，保持经常的整齐清洁。

学校的管理目标是随形势的发展、条件的变化而不断发展变化的。因此，学校领导要努力学习，了解形势对学校教育工作提出的新要求，研究教育科学，掌握教育改革动态，不断分析办学的成功经验和薄弱环节，使学校管理目标在继承中创新，在稳定中发展、提高。

三

在学校进行目标管理，主要抓好确定目标、过程管理和结果评估几个方面。

确定目标要符合系统性、科学性和现实性的要求。

目标的系统性，是指它能否反映学校系统和社会系统的动态平衡，以及学校各系统内部各因素构成最优化结构。所以确定学校管理目标就应根据系统论的观点去进行系统分析和系统设计。

首先是进行系统分析。应该看到，学校系统隶属于社会系统，社会的政治、经济、意识形态的变化发展都必然影响学校系统的工作和要求。所以学校管理者必须研究社会现状对学校教育所提出的新要求，使学校管理工作能够促进学校教育为社会主义建设培养人才服务。因此，还要对学校内部进行系统分析。从领导班子、教师队伍、教育质量、物资设备、学生情况等方面进行分析，找出他们之间的相互关系和影响，抓住主要矛盾。

其次是进行系统设计。就是要在系统分析的基础上，设计出学校总体管理目标；学校各部门根据总体目标设计部门目标，各部门的职工和教师再根据部门的目标订立出自己的个人目标，形成管理目标的系统化、层次化，即形成"目标树"。

学校管理目标的科学性，是指要根据科学理论，运用科学方法，按照客观现实和客观规律来制订。

首先，管理目标的提出要有科学依据，要有明确衡量工作成绩的标准，要有具体工作的方法、途径、步骤以及考核完成任务的实现目标的进度、时限等。即要使目标规定的概念、时间、条件和数量上有清晰的界线，也就是要明确概念的内容、时间与条件，数量与质量的要求都要清楚。

其次，要运用科学的方法来制订学校的管理目标。即要进行大量的调查研究，掌握真实情况，用辩证唯物主义观点来分析情况，广泛征询师生员工意见，实事求是地提出标准和目标。

学校管理目标的现实性，是指它要正确反映社会的要求和学校的实际，反映未来现实的可能性。唯物主义的决策是一切从实际出发，依靠客观规律和客观条件，注意决策的现实性和指导价值。使管理目标能指导学校各项工作计划的制订，能调动师生员工的积极性。

有了一个学校管理的适切目标，就要认真抓好目标的落实。在实施中要注意以下几点：一是分解目标。分解目标是实施总体目标的第一步。学校内部各系统、各部门、各班级、各学科以至各种工作人员都应根据学校的整体目标制订各自的执行的目标，使他们的目标同学校的管理目标相一致。二是要按计划办事。要依据目标规划出工作进度，科学地排列实现目标的次序。学校领导要从多项目标中选择并规定出主目标与次目标，排列出实现的优先次序，确定实施的步骤、途径和手段，使各项工作围绕学校的整体目标，在各自的目标轨道上前进。三是要及时控制。在实施过程中，不可避免地会遇到各种预料不到的问题，需要及时调节和控制，以纠正那些偏离目标的行动。四是要争取社会系统各方面的支持。学校管理目标是为实现教育目标服务的，而教育目标的实现又是为社会主义建设服务的。社会目标的实现要依靠教育。所以学校要向社会各方面宣传办好学校的重要性，争取社会各方面对实现学校管理目标的大力支持。

严格目标管理体系中的检查和评估，是保证学校管理总体目标顺利实现的重要手段，切不可走过场。学校要定期检查管理目标的执行情况，并根据完成程度和努力程度及时进行评估，对经验要肯定和总结，使其科学化、系统化，不断提高和巩固。对教训和不足之处，要分析原因，提出改进措施，迅速纠正。

（原载《教育管理》1986年第1期）

论"以人为本"的学校管理策略

一、学校的人本管理是以育人为本的管理

人本管理是现代管理学的基本原理之一,也是现代学校管理的指导思想。学校是一个"人—人—人"的系统,它的管理主体、客体和目的都是人,它通过管理主体的人,对作为既是管理客体也是主体的人管理,最后达到培养人、发展人的目的。因此,学校的人本管理实际上是以育人为本的管理。这也是学校管理与其他部门管理不同的根本所在。

我们认为,人本管理是以谋求人的全面自由发展为终极目的的管理。因此,以人为本不仅是一种管理,一种管理手段,更重要的是它也是管理的目的。马克思讲过,"每个人是手段同时又是目的"[1],人既要尽自己的责任和义务为他人、为组织、为社会服务,也有为自身的生存发展而享受他人服务的权利。过去我们对人本管

---

[1] 高洪源,刘淑兰. 庙算之道:教育管理的理论与方法 [M]. 北京:中国铁道出版社,1997:73.

理理解得不够全面完整，认为人本管理就是重视人、关心人，就是做好人的思想工作，进行人际关系协调、调动人的积极性。这样的理解只是把人本管理看作是实现学校管理的一种手段而已，要对人本管理做全面的理解，应当既把人看作是实现工作任务的手段，更应把人看作是目的，即管理工作要为人服务。因此，我们必须在追求实现学校教育目标时，尽可能调整自己的工作任务要求，使学校成员在工作、学习过程中，在进行管理和领受管理的同时，得到素质、身心、能力、知识的发展，极大地发挥学校成员的创造潜能。

一般来说，要进行学校管理，实现学校管理的目标，就得将学校的人、财、物、信息等资源整合起来，投入于教育教学过程即培养人的过程。为实现学校资源的有效整合或有效配置，学校管理必须具备一些基本功能。这些被称为职能的基本功能有计划、组织、领导、指挥与控制等。这就说明了学校管理与学校管理职能是既有密切联系又有区别的。学校管理职能是实现学校管理的一种功能作用、一种手段，故学校管理职能并不能代替学校管理。但不少人把学校管理理解为是其管理职能的代称，学校管理成为其职能之和，这种理解是不正确的，如果用它去指导学校管理实践，必然会带来学校管理工作的失误。因为学校管理被当作是其职能之和，实际上是把学校的各种资源毫无区别可以一视同仁地加以整合和配置，而忽视了学校是一个人的系统。人是一种不同于物的资源，不能把人与其他物的资源同等看待，否则就会导致忽视学校的根本任务是育人。育人为本既是学校的基本任务，也是学校管理活动的范畴。所以学校管理实际上是育人管理，它不能为管理职能所代替。以人为本的管理，强调人在学校管理中的主导地位以及调动人的主动性、积极性和创造性。通过育人为本的管理活动来培养、锻炼和提高学校成员的思想品德，发掘人的智力潜能和能力，使人的全面素质得以提高。

以人为本的管理强调人的核心地位，它同以强调管好财物或强调规章制度为主的管理是不同的，任何管理包括学校管理必须管好财物、建立和健全各种管理制度，但任何管理特别是学校管理企图通过管好财物和建立规章制度就能把学校办好管好是不现实的不可能的。因为财物是由人支配的，制度是离不开人的，在管理中不突出人的核心地位和主体作用，任何工作也难做好。就拿规章制度来说，我们的学校在进行了内部管理制度改革后，有的校长就认为有了好的制度，学校运行机制就完善了，产生了一种完全靠制度的作用来管理人、用制度来调动人的积极性的片面观点。我们知道，就是科学管理的创始人泰勒在强调管理制度的作用时，也不忽视管理中人的因素。他在回答人们认为科学管理是对人性的忽视时指出，任何制度都离不开人。在采用了最好的制度以后，成功与否取决于管理人员的能力、坚韧和权威。在雇主和工人之间应经常保持良好的相互关系。上司应找工人谈心，应当让每个工人都有自由发表意见的机会。① 可见，我们既不能轻视制度在管理工作中的重要性，更不能把制度作为管理的唯一法宝，作为灵丹妙药。制度要有效用，必须要体现以人为本。在学校管理中靠制度来管理人只是一种制约作用，对师生来说只是一种外在力量所起的作用，并不能对工作学习中人的内在的心理因素给予很好的把握和足够的重视，所以光靠制度来约束人是不够的。学校管理要取得良好的效果，必须使学校组织的成员有共同的目的、工作热情和思想的交流。只有把必要的制度管理融入人本管理的范畴，才能取得良好的预期的效果。

二、对以人为本的学校管理策略的分析

用以人为本的管理理论来指导学校管理工作，要研究、选择和确定一系列的学校管理策略，即制定学校管理工作的行动方针，注意工作方式方法。

1. 目标取向策略

学校管理以人为本，必须确立以学校成员的不断的全面发展和完善，为个人的发展和更好地完成其社会角色提供条件，不断提高教职工和学生的全面素质为最终目标。这与过去的学校管理把以完成教育教学工作任务、管好人财物和信息等的以工作为中心的目标取向是不同的。以提高学校成员全面素质为中心的目标取向，既明确了学校管理的总目标与学校教育目标的统一性、一致性，又使学校管理工作有了正确的导向，明确学校管理的一切措施都是以育人为中心，把关心工作与关心人结合起来。把成员的全面发展和完善与社会的要求统一起来，把提高干部、教职工的素质与提高学生的素质统一起来。以工作任务为中心的目标取向往往容易忽视人的因素在管理中的特殊作用，只把人看作是完成工作任务的工具和手段，把管理职能只看成是管理工作的过程和方法，把管理制度只看成是约束人、管理人的手段和工具，把管好工作管理好财物作为最终目的，因而使管理制度不是为人服务，而是相反，人成为制度工具，人为制度服务。

我们知道，学校的教育目标与学校管理目标是既相互联系又相互区别的，两者不能割裂开来甚至对立起来，又不能混为一谈相互取代。而有的学校管理者没有搞清两者的关系，有时只强调两者的一致性方面而互相取代，有时又强调两者的不同方面而对立起来。我们认为，学校教育目标一般是指教育培养学生的目

---

① 芮明杰，杜锦根. 人本管理 [M]. 杭州：浙江人民出版社，1997：8.

标，学校以育人为中心其主要指向是学生。学校教育目标制约着管理目标，管理目标为教育目标服务，这是显而易见的，这就表明两者的一致性和区别性。但是管理目标不限于为培养教育学生的目标服务，它同时把教育培养学校全体成员作为自己的目标。培养提高学校的干部、教师的素质既是为培养学生所必需，也是干部教师得以全面发展的内在要求，不能把提高干部教师只当成是完成教育学生的一种工具性、手段性的措施。提高和发展干部教师的全面素质本身就应当视为学校管理的重要目标。这就既把两者区别开来又在更高层次上实现两者的统一。

学校管理目标的取向，反映了不同的学校管理的思想和策略，以人为本的学校管理者必须善于把主客体目标协调起来。学校的管理者与被管理者具有其生物存在和社会、人际关系的相关性，无论管理主客体为实现各自的利益、愿望有着各自的目标，其中总存在着由关系协调使领导、教师和学生三方面的目标趋于一致的协调空间。只要把做好工作完成各项任务和尊重人关心人、提高完善人的素质统一起来，就可以使学校成员的目标趋于一致。学校管理者在追求自己的工作目标时，通过调整自己的工作任务要求，使人们在完成工作和学习任务的同时得到身心、能力、知识的发展，使人的全面素质得到提高，使人的创造性潜能得到极大的发挥。主客体目标的协调，说明管理者注意到了学校员工、学生是人，而不只是工具和手段，这就体现了管理工作以人为本的基本思想。

学校管理中注意培训教职工，使他们执行教师的职能和义务，掌握作为教师这种社会角色进行活动所必须具备的专长和技能，使他们把自己担当的社会角色及其完成看作是自己的理想和追求，从而尽其所能为个人和学校的目标而奋斗，这个过程也就是使人的个性和才能形成和发展的过程。

2. 有效激励策略

按人本管理的理论要求，在学校管理中要以育人为本，就要认识人、掌握人的实质，了解人的需要、动机和行为，促进人的思想、心理、行为朝着人的自由、全面发展的方向转化。

人的行为是在动机的激励下指向行为目标的活动，行为动机是在需要刺激下直接推动人进行行为活动的动力。以人为本的学校管理，要求管理者对所属成员进行有效的激励，即为实现管理、领受管理、完成共同目标而制定的激发人的工作、学习、自我完善发展的动机、努力程度并保证管理实效的各项措施，包括物质的、精神的激励。重视激励并有效地予以实施，能激发动机而提高工作、学习的绩效，能激发人们的进取精神，从而发挥他们的最大的主动性、积极性和创造性。

激励的唯一对象是人，所谓激励就是对人的激励。重视激励，实质上反映了对人的重视和对人的了解与把握，这是人本管理与其他的"见物不见人"的管理哲学和管理制度相区别之处。

我们所指的有效激励，就是要求管理者善于激发人的动机，激发人的热情，激发人的意志，把人的动机、热情、意志、行为与完成学校的教书育人任务、目标联系起来。师生们的工作、学习动机、热情、意志、行为得到有效激发及其过程，也就是师生的心理素质和思想素质得到培养和发展的过程。

有效激励的方法常见的有：目标激励、情感激励、竞争激励、经济激励、管理作风激励等多种多样的方法。

目标激励，就是在管理者指导和帮助下使师生确立起个人的行动目标。人们有了明确的行动目标，就有可能以最大的热情推动自己的行动奋勇前进。如果师生工作、学习无目标，无追求，工作学习就会松懈，遇到挫折就难以坚持。

情感激励，就是管理者与被管理者之间通过交往和思想感情的沟通而建立起来的一种互相关心、互相尊重和信任的情谊。它能使个人对从事的活动和作用加深认识和理解，并在这一基础上产生一种互相支持的愿望从而产生一种稳定而深厚的情绪，即产生一种"热情"，而热情可以加强动机的力度，持久地推动人们进行活动。

竞争激励，就是引入适当的竞争机制，组织和引导师生参与一定的竞争性活动，激发进取精神，从而提高工作、学习绩效，增强智力和操作能力。组织良好的竞争过程有利于培养主动性和创造潜能的发挥。首先组织竞争最重要的要求是公平、公正，只有公平、公正的竞争活动才有激励作用。其次是管理者要教育引导参与竞争者有正确的竞争意识，勇于投入竞争，正确对待竞争的胜负。

经济激励，这是近年来为大家所重视并得到普遍采用的方法。主要是通过工资、奖金、福利等去满足人们的物质需要，实践证明，经济激励在稳定教师队伍方面起到了良好作用。现在的问题是如何提高经济激励的有效性。十年前即使人们得到为数不多的物质报酬，也能产生较大的激励作用，而现在似乎物质激励的效果已不十分明显，即物质激发的有效性逐步减弱。其原因十分复杂，有的认为是学校物质刺激量不够，有的认为是经济激励的平均主义所造成。无疑，这些都是影响经济激励有效性的原因，不可忽视。但还有一个更为重要的原因，就是不了解人性的复杂性，导致把物质激励方法孤立起来应用，没有把物质激励与精神激励结合起来。只有把物质激励与精神激励相结合，才能提高人们对经济激励意义的认识，才能提高人们的精神境界，才能使物质激励成为以后行为的精神力量，成为教育培养人的一种力量。

管理作风激励，对师生的动机和行为有不可忽视的激励作用。能起到有效激励作用的管理作风，一是要实行民主管理，二是要实行师生的自我管理。一般说来，管理者比较民主，善于鼓励并支持成员参与民主决策，其成员精神高涨，具有较高的目标认同性，进而产生一种凝聚力，从而发挥出积极性和创造性。管理者能公平、公正对待每位成员，则成员之间的关系融洽；师生的自我管理是指师生对自己本身，对自己的思想、心理和行为表现进行管理。实现自我管理，能够培养师生的主体意识和自我意识，能够有效地提高他们的主人翁精神，培养他们正确地对待他的职责义务、组织要求、社会规范和社会价值的态度。

有效的激励，要求管理者把各种激励的方法结合起来使用。否则，都不会有满意的效果。

3. 人格培育策略

学校教育不仅要教会人们掌握知识和能力，学会认识和做事，更要重视学校成员的健全人格的培育，学会做人。以人为本的学校管理策略，理所当然地包括在学校管理过程中注意师生人格的培育，即注意培养师生良好的心理素质和人格品质。由于心理素质和人格品质不是天生就有的，而是在一定的环境影响和熏陶下逐步形成的，这就要求在教育和管理工作中加强教师的师德和学生的行为规范的教育和管理。加强学校成员的思想道德教育和心理素质教育的管理，使学校成员的需要和动机、兴趣和爱好、智慧和才能、人生观和价值观、理想和信念、性格和气质都向健康方向发展；要重视学校中的人际关系的管理，正确处理好学校中的各种人际关系，发展友谊，使人们在人际交往中培育自尊和他尊、理解和信任、同情和人道等优良品质。良好人际关系的建立，人们之间充满友爱情谊有利于人们的心理健康。友谊使人开朗、热情和坦诚，能防止和克服恐惧、焦虑、孤独、多疑、妒忌、敌对、攻击的心态和行为。人们之间有了一定的友谊才能在互惠的基础上与人合作共事，才会虚心地倾听他人的意见，使自己的行为与朋友、同事、同学协调一致。

健全的人格既包括人的心理特征，也包括人格的倾向性。人格倾向性的核心内容是价值观，一个人是否有健全的人格，要看他的价值观如何。价值观是一种高层次的思想观念，它能制约人们对事物的看法，影响对形势和问题的判断，影响人与人的关系，影响对组织目标的接受和抵制程度，影响对事业和生活与美满的看法，影响对工作方法和管理方法的选择。学校通过运用管理文化的理论，加强思想教育工作和校园文化建设的管理，有助于培育师生的正确的价值观。令人遗憾的是，一些学校管理者对价值观的培育缺乏足够的认识，在建设和发展学校文化时，较重视各种文化活动的开展，如校园文化节、艺术节、体育节、科技节等等搞得有声有色，活动内容丰富、形式多种多样。但往往只重视活动本身，而各种文化活动的主导思想、目的和效果却有所忽略，使学校的文化活动停留在"文化快餐"的水平上，没有达到培养正确的价值观的高度，更不能起到指导行动的作用。

价值观的一致性、相容性，是学校成员在学习、工作和管理活动中互相理解和协作的思想基础，也是学校管理活动中实施管理和领受管理实现学校教育目标、管理目标的前提和保障条件。因此，学校管理者在管理工作中要着眼于学校成员的价值观倾向及其变化与行为方式的状态及变化的相关性，努力营造适合于时代要求和学校目标要求的价值观体系，使其充分发挥内化、整合、感召、凝聚、规范、激励等作用，使社会价值观与学校预期的价值观根植到师生头脑中，渗透到师生的行为方式中，并具体到学校的日常管理中。

4. 环境塑造策略

学校的教育和管理工作是在一定的环境中进行的，环境也是一种教育和管理的要素。近年来我国学校的教育和管理都重视环境的作用，提出了"环境育人"的观点，在理论上做了一定的探讨，在实践中也取得了良好效果。作为学校管理者的一个重要任务，就是创造一种利于师生成长、利于教育目标和管理目标实现的环境，要塑造一种有助于人的主动性、积极性、创造性得以充分发挥和人的全面发展的环境氛围。

环境塑造，首先是指学校整个文化氛围的塑造。文化氛围的内容相当广泛，它与物质文化、行为文化、观念文化都有关系，但学校文化氛围的核心或实质部分是指由学校全体成员在教育教学、科研、组织和生活的长期营运与发展演变过程中，共同创造的不断革新的共同信念、价值观、思想信仰和传统、管理方式和管理制度、行为规范、人际关系，及由此而体现出来的学校精神。

学校文化是一种管理文化，它具有教育和管理的双重作用。学校文化既有共性也有个性，校长应该着力培养和形成具有自己学校特色的文化观念和传统，形成自己的学校精神。

以人为本的学校文化，其出发点和归宿是要提高学校成员的道德素质、文化素质、心理素质、身体素质，激发他们满足生理、安全、社会、尊重、自主、自我实现等各种需要的主动性、积极性和创造性，培养师生的个性、集体意识，塑造良好的学校形象，增强学校内部的凝聚力，推动学校成员的全面发展。

由于学校文化是一种管理文化，它要履行管理功能，如凝聚、激励、辐射、应变、跃升等都是起着管理的作用。学校文化一旦形成，师生受到学校文化的熏陶，有了共同的价值观、荣辱感，学校的人际关系将会更加融洽，正式组织与非正式组织之间的协调将更易进行，责任感、使命感、献身精神将会大大增强，那些不适宜的行为习惯和利益取向将受到约束和控制，从而促使个人人格与社会的内化和整合。

学校文化氛围的塑造，应抓住学校管理者自我修炼示范文化建设，以质量取胜的经营文化建设，确保学校成员参与决策与管理的政治文化建设。要善于以教育目标、管理目标、集体意识激励人，以道德规范、行为准则规范人，以学校前景和特色引导人，以正确的价值观和学校精神凝聚人，以良好的学校形象和师生的全面发展向社会展示其充满活力、和谐向上的文化氛围效应。

培育学校文化的过程中，我们需要特别注意学校文化在继承传统文化和外来文化的碰撞中去伪存真，取其精华、去其糟粕的问题。既要尊重和培养人的个性的自由发展，培养人的主体性和自我意识，竞争观念，发挥个人积极性和潜能，又要培养集体意识、合作精神和奉献精神。

学校的环境塑造，还包括工作环境的改善，激励制度的完善，学习和工作系统的改善，人际关系和领导方式的改善等方面的内容。罗伯特·J. 豪斯认为，一个称职的有效的领导者，其作用就在于使部属对实现目标有充分信心并帮助部属在实现目标的过程中获得满足感。[①] 在这里，领导的作用就是扫除部属实现目标道路上的障碍，以帮助部属实现满足感和成就感。这是领导者以推进部属实现目标的方式，为员工确立支持性的工作环境。工作、学习等支持性环境的建立和改善，有利于人的积极性和创造潜能的发挥。

生活环境、对师生的成长和发展也具有十分重要的作用。生活环境的意义，除了合乎生态要求的校园的绿化、美化和净化之外，更重要的是人际关系融洽，集体意识和荣誉感、自豪感的增强。因此，学校除了要重视校容、校貌的建设和管理、丰富娱乐和体育生活、提供各种方便生活的条件外，还应重视增强沟通，增强人际交流，密切相互联系。此外，改善生活环境，提高师生的生活质量，很重要的一个问题是要减轻师生过重的工作、学习负担，使他们有更多个人支配的时间和余暇，使师生有更多学习进修和从事业余和课外活动的时间和主动权，使师生能够自由地做感兴趣的事情，以利于得到生动活泼的、主动的发展。

三、提高校长实施人本管理的知识和能力

在学校实施人本管理，要求校长要转变管理思想。没有管理思想观念的转变，学校管理工作是难以体现以人为本的。在管理思想观念得到更新以后，关键

---

① 芮明杰，杜锦根. 人本管理 [M]. 杭州：浙江人民出版社，1997：189.

是要提高校长实施人本管理的知识和能力。

校长应具有认识管理主体的人和客体和人的知识和能力。

校长是学校管理的主体，但要能起到管理主体的作用，必须具有管理的科学知识和能力，拥有相应的权力和权威。也就是说，校长要成为真正的管理主体，他必须具有管理能力，并拥有将管理知识、技能与能力付诸管理实践的权威和权力。管理能力包括管理主体对学校问题的观察、判断、分析、决策的能力，可以具体为对人的尊重、关心、善于调节人际关系，对学校育人工作的规律和质量具有敏感性和组织力，对学校的人、财、物、信息及学校改革发展相关的诸多复杂因素具有综合的应对和把握能力。

光有管理知识和能力者未必就是管理主体，他还必须有从事管理的权威和权力。但管理权威并不完全由管理权力带来，而更多的则是来自于管理主体的事业心、行为方式和工作效率。校长的事业心，主要是对管理工作的责任感、使命感和上进心。校长如果没有事业心，即使他拥有管理的知识和技能，他仍然可以在以人为中心、以工作为中心之间，在独裁民主之间作出不适当的选择或者采取一种驾轻就熟的、被动应付工作任务的工作态度和行为方式。这样的校长就会把自己摒弃出管理主体的范畴。

作为学校管理主体的校长，必须对自己的管理客体有所研究和了解。管理客体是指领受管理的人、财、物、信息等。但其中的人不同于一般的客体，它是第一类的管理客体，财物信息等则是物的资源，是第二类的管理客体。因此，那种"只见物不见人"的管理理念和管理实践是违背以人为本的管理要求的。校长必须对自己的管理客体的人具有客观性、复杂性和能动性等特征有较全面、深刻的认识。这样他才会正确认识人、对待人，才能做到尊重人、关心人，懂得人的各种需要并对人的需要加以引导和培养。

校长必须具有认识和驾驭管理环境的知识和能力。

学校管理活动是在学校内外直接和间接的外力和介质作用下，在个体和团体、社会的物理的多因素复合系统中实现的。这种多因素复合系统就是管理环境。

学校管理环境可分为内部环境和外部环境。学校的内部环境，主要包括学校的现有基础和水平、运行机制等；学校的外部环境，主要包括国家的教育方针政策、领导管理体制、教育法规和学校所在地的社会经济等因素。

学校的管理环境对学校管理的决策、过程和实施具有重要的制约和影响作用。校长必须认真研究学校内外的环境因素。认识环境才能驾驭环境，才能从实际出发来制定学校的管理策略和措施。学校管理方案要符合国家和政府的要求，要倾听干部、教师和学生的意见，要考虑学校与社区的协作关系。综合学校内外各种环境的影响，学校的决策者最后得到并作出的选择方案，往往不可能是最优的，甚至次优的也得不到，但却是符合实际的。

  对管理环境既要认识其对管理工作的制约方面，又要认识到管理对管理环境并不只能被动去适应。管理者既要认识和适应环境，又要发挥干部、教师和学生的主观能动性、按育人管理的需要努力去改变不利环境，创造有利环境，有效地驾驭环境，这是以人为本的管理思想的体现。

（原载《现代教育论丛》1999 年第 1 期）

第四章 教师管理研究

加强教师队伍建设，改革教师工作管理——学习列宁毛泽东邓小平同志关于教师管理问题的思想

1983年9月，邓小平同志根据新的历史时期对教育工作的要求，提出"教育要面向现代化，面向世界，要向未来"。"三个面向"指出了我们教育工作的战略方向，是今后教育改革的总指针。

贯彻和落实"三个面向"的精神，要对教育领域的工作进行一系列的研究和改革，这是一项长期的艰巨的任务。其中，加强教师队伍的建设，改革教师工作的管理，则是搞好教育改革的重要前提条件之一。怎样加强教师队伍的建设？如何改革对教师工作的管理？是当前学校管理改革所面临的一个重要问题。因此，进一步学习马克思主义教育学说，特别是学习列宁、毛泽东、邓小平同志有关教师工作管理问题的思想，更具有深刻的现实意义。

下面，谈谈个人学习的几点认识和体会。

一、教师问题，是学校管理工作中的一个重要问题，是关系到学校的方向和教育质量高低的一个关键性问题

列宁、毛泽东、邓小平三位同志，对教师在教育工作中的重要

性都有十分精辟的论述。列宁早在1909年就指出过:"在任何学校里,最重要的是讲授的思想政治方向。这个方向由什么来决定呢?这完全而且只能由教学人员来决定。""学校的真正的性质和方向不是由地方组织的良好愿望决定的,不是由学生'委员会'的决议决定的,也不是由教学大纲等等决定的,而是由教学人员决定的。"① 毛泽东同志在我国新民主主义革命时期把教育看作是整个革命战线中的一条重要战线,他自己就创办和领导过许多革命学校,培养了大批革命干部。他在领导教育工作中深刻地认识到办好学校"最重要的问题,是选择校长教员和规定教育方针",认为这是"有关全局的重要的关节"②,1964年他在谈到学校的教学改革时,又指出"教改的问题,主要是教员问题",列宁、毛泽东两位同志上述指示都说明了教师在学校教育工作中的决定性作用。它启示我们,领导管理学校教育工作有许多工作要做,进行教学改革也有许多工作要做,但是必须抓住全局性具有战略意义的大事。在学校教育工作中,诸如对各项工作的领导和监督、制定教学大纲和各种章程、编写教材和改进教学方法等等,这些都是非常重要,一切学校教育领导管理人员都应给予重视并且把它做好。但是,所有这些工作都做好了,如果对教师工作的管理没有做好就不能确保教学工作的正确方向,甚至于一切都会有落空的危险。

苏联当代教育家苏霍姆林斯基从他几十年领导管理学校的实践经验中得出一个科学性的结论:对学校的领导,首先是教育思想的领导,其次才是行政领导。教学是学校教育培养学生的基本途径,它在使学生德智体几方面都得到全面发展上有其独特的重要作用,它是学校贯彻全面发展教育方针的主要阵地。因此,对教学实行思想领导,使所有教师都能用正确的教育思想来指导自己的教学工作,就显得十分重要了。我们应该在这个意义上去全面、正确理解列宁、毛泽东两位同志关于正确的"讲授方向"和"教改的问题,主要是教员问题"的含义。过去在"左"的思想干扰下,有人错误地认为列宁、毛泽东两位同志的上述指示,只是强调要批判教师的资产阶级思想,这是不正确的。正是有人利用了这一点,对教师进行了无穷无尽的批判和斗争,强调教师要进行"脱胎换骨"的改造,把教师当作工人阶级的异己力量来看待,这又怎能发挥教师在办好学校中的作用呢?

教师,是学校教育工作中的主体。搞好教师队伍建设,是办好社会主义学校的一项具有战略性意义的大事。在社会主义条件下,学校教育事业是党领导下的

---

① 列宁. 列宁教育文选 [M]. 北京:人民教育出版社,1963:42.
② 毛泽东. 毛泽东选集:第一卷 [M]. 北京:人民出版社,1991:177. ——编者注.

为现代化建设和为人民服务的伟大事业。然而，即使在我们这样一个社会主义国家，就每一间具体的学校来说，也还存在着一个方向问题和教育质量高低的问题。这个问题集中反映在是否有一个端正的办学思想，是否能全面贯彻落实德智体全面发展的教育方针上。学校管理的任务就是要全面贯彻教育方针，全面提高教育质量，为社会主义现代化建设培养人才。这一任务的实现有赖于学校全体师生员工的共同努力，特别重要的是要建设一支好的教师队伍。邓小平同志说："所谓管理得好，主要是做好人的工作。"[1] 在学校管理工作中抓好教师工作管理这一环，就是抓住了学校管理工作的关键。

新时期中小学校的任务是要在"三个面向"的思想指导下为"四个现代化"培养高质量的人才。这一艰巨任务的实现，在学校里主要是依靠教师去进行艰苦的工作。只有我们把教师的工作做好了，教师的素质提高了，教师的积极性调动起来了才有可能完成得好。所以邓小平同志指出："一个学校能不能为社会主义建设培养合格的人才，培养德智体全面发展的、有社会主义觉悟有文化的劳动者，关键在教师。"[2]

从学校管理方面说，学校的人、财、物、事，是管理工作的主要对象，而对人的管理，特别是对教师队伍的管理在管理对象诸因素中又占据首要地位。因为教师是教育者，在教学的全过程中，教师起着主导的作用。当然，为了完成教学任务，提高教学质量，必须充分调动和发挥学生学习的积极性和主动性。但是，学生学习的积极性和主动性，在相当程度上也是依靠教师去调动的。教育质量的高低，固然与教学管理、制度、体制、学生来源、教学设备等多种因素有关，但最直接最主要的因素还在于教师。教师的教学水平和教学效果决定着教育质量的高低。因此，要提高教学质量就必须抓好教师工作的管理。

教师工作管理是学校管理的重要组成部分，是整个学校管理系统中的一个子系统，它自身有完整的工作体系，其内容是多方面的。它包括对教师基本要求的确定，对教师的合理使用和安排，对教师的培养和提高，改善教师的社会地位物质待遇和工作条件，以及明确教师的职责分工，健全教师的考核、奖罚制度等等。工作内容是多方面的，但作为一个管理系统，它必须有一个明确的整体目标——建立一支又红又专的教师队伍。

---

[1] 邓小平. 邓小平文选：第二卷 [M]. 北京：人民出版社，1994：81. ——编者注
[2] 邓小平. 邓小平文选：第二卷 [M]. 北京：人民出版社，1994：108. ——编者注

二、尊重教师的地位，尊重教师的劳动，是教师工作管理的基本指导思想

尊重教师的地位和尊重教师的劳动，是马克思主义对待教师的基本指导思想。伟大导师列宁就曾针对沙皇俄国国民教育部无视国民教师的地位、待遇和教师劳动的状况，进行了无情的揭露和严厉的批判，指出"任何一个地方的下级警察、农村黑帮分子或甘心做暗探和特务的人都可以陷害国民教师，至于来自官僚的各种挑剔和迫害就更不用说了"，"教师的孤陋寡闻、卑贱地位，备受压制和毫无权利，更是一幅悲惨无比的，或准确一点说，是令人厌恶的图画"。列宁指出，沙皇政府如此对待教师，实际上是"政府阻塞了十分之九的俄国居民受教育的道路"，指责"国民教育部是警察搜查部，是愚弄青年部，是人民求知欲的压制部"。①

教师的地位与人们对教师劳动的认识是密切联系的。可以说教师的地位是由人们对教师劳动的社会意义的认识程度所决定的。历史的发展使人们认识到，社会需要教育，教育需要社会。俄国十月社会主义革命后，建立了苏维埃政府，人民掌握了政权，革命和建设事业要求发展教育事业，要求充分发挥教育工作者和教师的伟大作用。列宁对新社会教师应有的地位做了充分的肯定。

首先，列宁指出："应当说，数十万教师是一架推动工作，激起思想并且同那些至今仍在群众中的偏见进行斗争的机器"，"……因为这些教师有知识，没有知识，我们就不能达到自己的目的"，②后来，列宁又针对教育部门的工作缺点，指出"我们没有注意到或很少注意到提高人民教师的地位的问题，而不提高人民教师的地位，就谈不上任何文化，既谈不上无产阶级文化，甚至也谈不上资产阶级文化"，强调"应当把我国人民教师提高到从来未有过的，在资产阶级社会里没有也不可能有的崇高地位"，并说"这是用不着证明的真理"。③

其次，列宁强调党和政府的工作人员要尊重教师的意见，听取教育专家的意见来改进工作。他在《论教育人民委员部的工作》一文中指出："在党的工作者会议上应当听取教育专家们的意见，因为这些人从事实际工作已有十多年之久，他们能告诉我们大家在某一方面，例如在专业教育方面过去和现在的情形怎样，苏维埃建设是怎样对待专业教育的，取得了什么成绩，这些成绩最典型的是什么

---

① 列宁. 列宁教育文选 [M]. 北京：人民出版社，1963：52-58.
② 列宁. 列宁教育文选 [M]. 北京：人民出版社，1963：135.
③ 列宁. 列宁教育文选 [M]. 北京：人民出版社，1963：165-166.

（这种典型一定会有，尽管很少），具体指出了哪些主要缺点和清除这些缺点的方法是什么。"他告诫担负领导工作的共产党员"要日益增多地从教育实践家中为自己找到很多助手，他要善于帮助他们进行工作，提拔他们，表明和估计他们的经验"，指出"不善于利用成千上万的教师的实际经验的共产党员，都是毫无用处的共产党员"。可见，列宁是十分尊重教师的实际经验，尊重教师的工作意见的。

最后，列宁指出，尊重教师的地位和劳动，就必须采取一系列的相应的具体措施。他说"必须进行有步骤的、坚持不懈的工作，来提高他们的思想、意识，使他们具有真正符合他们的崇高称号的各方面的修养，而最重要的是提高他们的物质生活条件"[①]，在这里，列宁一方面强调要提高教师的全面素质，否则人民教师的地位就难以提高；另一方面，而且最重要的方面是要提高教师的物质待遇，否则，没有相应的物质基础，空喊提高人民教师的地位是无济于事的。

毛泽东同志对待知识分子，对待教师的主导思想，是鼓励、提倡和爱护。他自己就曾经是一个尊重老师的模范。他成为伟大的人民领袖以后，还念念不忘教过自己的老师，对杨昌济、徐特立等更是无比尊重。他对教师在革命和建设中的地位作用也有过明确的指示。在延安时期，他就肯定"我们党应该有很多专从事教育工作的人"。抗日战争胜利前夕他曾经指出："为着扫除民族压迫和封建压迫，为着建立新民主主义的国家，需要大批的人民的教育家和教师，人民的科学家、工程师、技师、医生、新闻工作者、著作家、文学家、艺术家和普通文化工作者。他们必须具有为人民服务的精神，从事艰苦的工作。一切知识分子，只要是在为人民服务的工作中著有成绩的，应受到尊重，把他们看作国家和社会的宝贵的财富。"[②] 1957年以后，他对知识分子问题讲过一些过头话，但在60年代初期，他还是支持科学十四条、高校六十条、中学五十条、小学四十条的。这些条例体现了党对知识分子，对教师的正确政策。只是后来，在他的"继续革命"的错误理论支配下，对我国知识分子的状况做了错误的估计，犯了"左"的错误。林彪、江青一伙利用了他的错误，并推向极端，给我国知识分子和科学教育事业带来了灾难，这是一个严重的教训。

邓小平同志从把我国建设成为"四个现代化"的社会主义强国的战略目标出发，把科学和教育提高到极其重要的地位。他提出了"四个现代化"，关键是

---

① 列宁. 列宁教育文选 [M]. 北京：人民出版社，1963：165-166.
② 毛泽东. 毛泽东选集：第三卷 [M]. 北京：人民出版社，1991：1 082. ——编者注

科学技术的现代化,"科学技术人才的培养,基础在教育"①的著名论断。他又说,我国科学研究的希望,在于它的队伍有来源。科研是靠教育输送人才的,一定要把教育办好。

办好教育,要解决的问题很多。其中一个特别重要的问题就是要调动广大教师的积极性。尤其是我国教育事业遭受了"四人帮"的严重破坏,他们炮制的"两个估计"成了否定中华人民共和国成立后17年教育事业伟大成就和否定广大教育工作者的成绩,打击知识分子的精神枷锁。要把教育工作搞上去以适应社会主义现代化建设的需要,不砸碎知识分子和广大教师头上的"紧箍咒",教师的积极性是无法调动起来的。因此,邓小平同志严肃地指出:"应当肯定,十七年中,绝大多数知识分子,不管是科学工作者还是教育工作者,在毛泽东思想的光辉照耀下,在党的正确领导下,辛勤劳动,努力工作,取得了很大成绩。"②在全国教育工作会议时,邓小平同志又代表党中央宣布:"二十多年来,我们已经建立了一支人民教师队伍。全国有教师九百万人。绝大多数教职员工热爱党热爱社会主义,勤勤恳恳地为社会主义教育事业服务,为民族、为国家、为无产阶级立了很大功劳。为人民服务的教育工作者是崇高的革命的劳动者。我们对广大教育工作者的辛勤努力表示慰问和敬意。特别是对广大的小学教育工作者,他们在更为艰苦的条件下,为培养革命后代不辞劳累,作出贡献,我们更要表示慰问和敬意。"③这样,就不仅把"文革"十年中的冤案给翻过来了,使广大教师放下了沉重的精神包袱,而且对广大教师的功绩和劳动做了从未有过的高度的评价,给了广大教师莫大的精神鼓舞,使广大教师深切体会到党和人民的尊重和关怀。

由于种种原因,在我国长期存在着一种轻视教育科学文化和歧视知识分子的错误观念。特别是广大教师更是长期得不到应有的地位和尊重。这是不利于我国教育事业的发展和提高的。针对这种不良倾向,邓小平同志强调"要特别注意调动教育工作者的积极性,要强调尊重教师"。邓小平还指出:"我们要提高人民教师的政治地位和社会地位。不但学生应该尊重教师,整个社会都应该尊重教师。"④从邓小平同志上述一系列指示中可以看到,尊重教师的地位,尊重教师的劳动,是我党对待教师的正确政策,这应该成为我们学校领导干部对教师工作进行管理的基本指导思想。

---

① 邓小平. 邓小平文选:第二卷[M]. 北京:人民出版社,1994:95. ——编者注
② 邓小平. 邓小平文选:第二卷[M]. 北京:人民出版社,1994:49. ——编者注
③④ 邓小平. 邓小平文选:第二卷[M]. 北京:人民出版社,1994:109. ——编者注

党的十一届三中全会后，我们党恢复了一贯的优良传统和作风，并根据新的历史时期发展我国教育、科学的迫切需要，反复强调要尊重教育、科学工作者，真正尊重知识，真正发挥知识分子的作用。特别是十一届六中全会通过的《中国共产党中央委员会关于建国以来党的若干历史问题的决议》写道："要坚决扫除长期间存在而在'文化大革命'期间登峰造极的那种轻视教育科学文化和歧视知识分子的完全错误的观念，努力提高教育科学文化在现代化建设中的地位和作用，明确肯定知识分子同工人、农民一样是社会主义事业的依靠力量，没有文化和知识分子是不可能建设社会主义的。"根据党中央的指示，各地党政部门采取了许多切实的措施，加强对教育工作的领导，提高教师的政治地位和经济待遇，努力在全社会营造一个尊重教师的舆论。在落实知识分子政策，尊重和关心教师方面做了大量的工作，取得了很好的效果。主要的做法和经验有以下几个方面。

（1）政治上落实政策和尊重、信任教师。一是对教师中的冤假错案给予彻底平反。二是向社会反复宣传教师的应有地位和作用，争取广大干部、家长、群众尊重教师，把教师与当地干部同等对待，做到当地干部能享受的政治待遇，教师也能享受到。三是认真解决教师入党难的问题，发展具备条件的教师加入共产党。

（2）思想上严格要求，耐心帮助，使教师具有与其崇高称号相适应的修养。一是引导教师自觉地坚持四项基本原则，广泛开展师德教育，对教师的言行、仪表提出既严格又合情合理的要求，使教师从高从严要求自己，为人师表。二是对个别教师的思想问题、不正之风，以实事求是的态度，具体分析，耐心帮助，采取适当的方式使其纠正，力戒简单粗暴的做法。三是要善于发现教师思想上的积极因素，对其进步要及时肯定、鼓励。

（3）工作上大胆依靠、积极支持。一是对教师的进步要有正确的估计，相信绝大部分教师都是愿意积极搞好工作的。要发挥他们的专长，做到人尽其才，即使对于犯过错误的教师也要敢于量才而用。对有丰富教学经验，符合干部"四化"条件的要把他们提拔到领导岗位上。二是对于负责某一方面工作的教师要大胆放手，积极支持使其有职有权。三是对工作作出显著贡献的教师要给予适当的奖励。四是给教师创造顺利工作的条件。

（4）生活上热情关心照顾，尽量帮助教师解决后顾之忧。一是从实际可能出发，尽量提高教师的物质待遇，改善教师的生活，办好集体福利。二是要尽力解决夫妻两地分居的问题、民办教师待遇问题、教师子女升学就业的问题。三是保证教师的业务时间，减少会议和兼职，注意劳逸结合，关心他们的健康，关心体弱多病的教师。

三、全面提高教师的素质，是教师工作管理的主要任务

列宁、毛泽东、邓小平三位同志在十分强调要提高教师的地位，尊重教师劳动的同时，也非常注意要全面提高教师的素质。

全面提高教师的素质，这是人民教育事业的客观要求，是实现社会主义建设时期的任务的要求。列宁说，人民教师肩负着重大的任务——培养建设新生活的青年一代。要完成这一重大任务，必须全面提高教师的政治思想、道德品质、文化科学专业知识、教育理论和教育技能技巧等方面的素养。因此列宁号召党和政府必须有步骤地、坚持不懈地开展工作，来增强教师的思想意识，使他们具有真正符合他们崇高称号的各方面的修养。特别是在党的工作重点转入经济建设时期，列宁要求学校教育和教学，培养和训练的任务及其性质都要随着党的经济建设的任务、国家计划而改变，特别强调教学工作要适应技术改造和电气化计划的需要。① 也就是说新时期的经济建设的任务要求学校教育工作培养出更多能掌握新的科学技术，能促进生产力水平提高的新社会的建设者，这都对教师的各方面素质提出了新的要求。

改善教员质量是学校办好的一个条件，这是毛泽东同志的一贯思想主张。在延安时期，他就非常注意全面提高教师的素质，关心教师政治思想和业务水平的提高。在抗大，毛主席亲自抓教师队伍建设，谆谆教导和要求他们"忠诚党的教育事业"。在毛主席和党中央的关怀下，当时陕甘宁边区，就开办了五所师范学校，在延安大学还设立了教育系。这些以培养教师为主的学校对学生进行了政治、文化和教育理论和能力的训练，培养了大批合格的中小学教师和干部。毛主席多次强调要重视教师的教育理论和教学方法的学习，提高教师的教学能力和教学水平。在《中共中央关于延安干部学校的决定》中号召："凡担任学校教育工作的同志，均应认真地研究教课内容与教学方法，使理论与实际一致的原则在教课内容与教学方法中贯彻起来。"

中华人民共和国成立以后，党中央和毛泽东同志也很重视教师的培养提高。全国办了大量的师范院校以培养各级学校的合格师资。只是在"文革"中，由于林彪、江青一伙怀着不可告人的目的，破坏教育，迫害教师，陈伯达就提出什么"办师范是资产阶级的教育制度"，叫嚣要取消师范，致使我国培养师资的师范教育遭到严重破坏，造成了教师数量的奇缺和质量的严重下降。直至目前各级学校合格的教师都是非常不足的。据统计，全国中小学教师队伍中文化水平达到

---

① 列宁. 列宁教育文选[M]. 北京：人民出版社，1963：106.

教育部规定要求的（即高中教师文化水平达到大学本科毕业程度，初中教师达到大专毕业程度，小学教师达到高中、中师毕业程度）高中教师占50%左右，初中教师占10%左右，小学教师占47%左右。上述情况表明，中小学教师队伍中文化水平没有达到国家规定标准的仍占多数。这种情况严重影响了中小学教育质量的提高。

全面提高教师的素质，在新的技术革命的条件下就显得更加重要和迫切。我国教育改革要贯彻邓小平同志"三个面向"的指导思想，要使培养的人才能够适应当今世界新的技术革命的需要，对教育教学工作都要做进一步的改革。而要使教学改革真正取得成效，全面提高教学质量，其中一个关键的问题就是要全面提高教师的素质。所以小平同志说："要研究如何提高教师的水平问题……现在要敢于教，还要善于教。要做到这一点，就要加强师资培训工作"，"要提高教师的水平，包括政治思想水平、业务工作能力以及改进作风等"。①

培养一支高质量的教师队伍，全面提高教师素质，除了要下大力办好师范院校加速培养新师资外，还要采取各种办法搞好在职教师的进修提高。作为中小学的管理者应该把提高自己学校的教师的各方面素质作为一个十分重要的任务去认识、去完成，克服不重视和消极等待的思想。不仅要十分重视没有达到相应学历水平教师水平的提高，就是受过师范专业教育、达到了相应水平的教师也要不断进修提高。这是因为：

第一，弥补职前教育不足的需要。教师职前所受的师范教育，只是进行最基础的专业理论学习和基本技能的训练，不可能充分熟练地全部掌握从事教育教学活动所有知识技能技巧。这只能在参加工作之后结合实际需要进行再学习、再提高，以弥补职前教育之不足。那种认为受过师范专业教育的人一定能完全胜任工作，不需要再学习提高的看法是不妥当的。至于由于种种原因使我们教师队伍中许多人从未受过师范专业教育，缺乏教育学、心理学、教学法等方面的知识，创造条件使他们能学习掌握教育科学的理论和方法就更为必要了。

第二，教学内容、教学方法和教学手段是随着政治经济、科学技术的发展变化而不断发展变化的。例如，现代教学内容正随着现代生产、科技发展向着综合化、现代化和深广化发展。有人调查表明，现代化知识每7~10年就翻一番，因而一般大学生本科毕业的在职教师，其知识陈旧率逐年增长。而中小学的教学内容又在不断更新。邓小平同志说"我们要在科学技术上赶超世界先进水平，不但要提高高等教育的质量，而且首先要提高中小学教育的质量，按照中小学生所能

---

① 邓小平. 邓小平文选：第二卷 [M]. 北京：人民出版社，1994：55. ——编者注

接受的程度，用先进的科学知识来充实中小学的教育内容"①。新的技术革命必然带来对传统的教学内容、教学方法的革新。教师只有不断进修才能提高自己的业务水平，才能适应教学改革，提高教学质量的需要。

第三，一名合格的中小学教师不仅要精通自己所教的学科，而且要求对教学计划规定的所有学科都有一定的知识。新的技术革命的形势要求教师具有现代化的知识修养，尽可能拓宽自己的知识视野。教师必须具备比较广博的知识，了解政治、文学、艺术、天文、地理、历史、科技、体育、卫生、工艺等方面的知识及科学技术的新成就。这些知识的获得，主要靠经常的学习进修。

还在1978年4月，邓小平同志在《在全国教育工作会议上的讲话》中就向各级党组织提出了要采取切实有效的措施来全面提高教师的素质问题。他说："各级党委和学校的党组织，应该热情地关心和帮助教师政治上的进步，帮助他们认真学习马克思主义、毛泽东思想，使更多的人牢固地树立起无产阶级的共产主义的世界观。要积极地在优秀教师中发展党员。教育战线任务愈来愈重，各级教育部门不能不努力提高现有教师队伍的教学能力和教学质量。教育部和各级教育行政部门要采取切实有效的措施，比如充分利用广播、电视，举办各种训练班、进修班，编印教学参考资料等，大力培训师资。我们希望广大教师努力在政治上、业务上不断提高，沿着又红又专的道路前进。"

党的十一届三中全会后，各级党组织和教育行政部门以及各级各类学校在贯彻邓小平同志上述指示方面，采取了一系列有效措施。在大力提高在职教师的政治、业务水平方面做了大量工作，取得了很好的效果和经验。这些经验主要有以下几方面。

第一，加强党对在职教师教育方面的领导。要求各级党组织和教育部门以至学校领导，充分提高对在职教师工作意义的认识，把它作为改革教育的一个带有战略性的工作来抓，列上议事日程，列入各地教育工作的规划，并发动各方面力量为搞好教师进修提高创造有利条件。

第二，建立各级教师进修培训机构。目前我们已建立了从中央到地方的各级教师培训网。中央有教育行政学院，各省（市）和地区都建立了教育学院（教师进修学院），县（区）一级建立了教师进修学校（或师范学校）专门分工负责培训各级学校教师。此外，不少地区举办了函授教育、刊授中心、电视大学、广播讲座等。这些机构和措施在提高在职教师业务水平方面发挥了积极作用。

---

① 邓小平. 邓小平文选：第二卷［M］. 北京：人民出版社，1994：104. ——编者注

第三，发挥学校、教学研究会（组）等组织作用，在教学实践中培养和提高教师业务水平，有些学校在这方面能做到有目标、有要求、有措施，积累了较好的经验。如华南师大附中，他们对教师的培养提高的要求和措施包括以下几方面。

首先，要求教师有较高的思想觉悟和先进的教育思想。为此，学校经常组织教师学习有关国家"四个现代化"建设的宏伟目标，增强教师办好学校的信心，使为国家教育事业贡献力量成为教师忘我工作的精神动力，并且经常组织教师学习先进的教育思想、观点和教育动态，以促进教师的教育思想更新。

其次，要求教师有较好的业务知识和能力。为此，学校重视提高教师的业务能力，认真组织好在职教师的进修。对青年教师要求他们填平补齐，学好科学知识中自己最薄弱的环节；对中年教师要求他们在某一学科中的某一领域有专长，学深学透，使其教学更深入，并能较好地指导课外活动、科技活动，有利于特殊人才的成长；从组织上配备好各年级教学力量，实现老、中、青相结合，搞好传帮带和互相学习、互相促进。每位教师都有计划地安排从初中一年级教到三年级，或从高中一年级教到三年级。

最后，要求教师具有一定的开展教学改革试验的能力。为此，学校重视组织教师开展教改试验研究。在教改试验的实践中来培养教师、提高教师。要求和帮助教师在试验的基础上写出专题总结，学校定期组织教学专题论文讨论会，有力地推动了教改工作和促进教师教学能力的提高。

不少中小学注意把教师业务进修与当前的教学工作结合起来，解决好一部分教师过教材教法关的问题；要求每个教师都熟悉本学科的小学或中学教材；发挥教研组的力量和作用，广泛开展教学研究活动，采取观摩教学、互相听课、专题讲座、难题难点讨论、心得交流、集体讨论教材、互相传阅教案等方式，不断交流经验，取长补短、共同提高；组织好教师的个人自学，要求每个教师都应按照自己的实际和教学工作的需要，制订进修计划，领导定时检查督促执行计划的情况。

四、做好教师管理工作，必须改革管理制度和管理方法

列宁、毛泽东同志在领导革命和建设中一贯重视对领导管理制度和领导管理方法问题的研究，毛泽东同志曾经有过一段名言，他说："我们的任务是过河，但是没有桥或没有船就不能过。不解决桥或船的问题，过河就是一句空话。不解

决方法问题，任务也只是瞎说一顿。"①

列宁、毛泽东同志在领导管理制度和方法问题上都有过一系列非常重要的论述。诸如，关于一长制、民主集中制、分工负责制、群众路线、调查研究、建立和健全各种规章制度、关心群众生活、注意工作方法，等等。尽管这些论述不是专门针对学校管理，特别是不可能具体到对教师管理工作而言的，但其中许多原则指示其基本精神都是适用于学校管理工作的。我们必须结合实际情况加以运用来指导我们的学校管理工作。

邓小平同志根据新的历史时期的任务提出："各方面的新情况都要研究，各方面的新问题都要解决，尤其要注意研究和解决管理方法、管理制度、经济政策这三方面的问题。"② 他告诫我们要学习先进的管理方法，克服管理制度、管理方法中的官僚主义、效率极低和无人负责的问题。

在谈到管理工作中的问题的时候，邓小平同志特别提出了与教师工作管理的制度和方法有关的几项重要意见，我们必须认真学习，力求贯彻执行。

1. 对待知识分子要重在鼓励重在奖

打倒"四人帮"后，为了调动知识分子的积极性，有人提出对科学教育工作者应当有奖惩制度。邓小平同志说："这个意见也对，但是要补充一点，就是重在鼓励，重在奖。" 1977 年他就提出要开全国教育大会，奖励有成就的大学、中学、小学教师。1978 年他又提出，对于在教学工作中作出突出贡献的教师应该给予表扬和奖励。至于对待知识分子工作中的一些缺点，他主张："领导工作者要经常同他们谈谈心，政治思想上帮助帮助。不要求全责备，毛泽东同志说过，要打破'金要足赤，人要完人'的形而上学思想。这是马克思主义者的态度，是彻底的唯物主义者的态度。对于犯了错误的人，有的需要有适当的惩处。但不要强调惩处，要强调帮助，满腔热情地帮助他们改正错误，帮助他们进步。"还说："对知识分子除了精神上的鼓励，还要采取其他一些鼓励措施，包括改善他们的物质待遇。教育工作者的待遇应当同科研人员相同。"③

2. 要改革中小学教师的工资制度，关心他们的身体健康

邓小平同志针对我国教师工资待遇低的情况提出："要研究教师首先是中小学教师的工资制度。要采取适当的措施，鼓励人们终身从事教育事业。特别优秀的教师，可以定为特级教师。限于国家的经济力量，我们一时还难以较大地改善

---

① 毛泽东. 毛泽东选集：第一卷 [M]. 北京：人民出版社，1991：139. ——编者注
② 邓小平. 邓小平文选：第二卷 [M]. 北京：人民出版社，1994：149. ——编者注
③ 邓小平. 邓小平文选：第二卷 [M]. 北京：人民出版社，1994：51. ——编者注

教职员工的物质生活待遇，但是必须为此积极创造条件。各级党委和教育行政部门，首先要在可能范围内，尽力办好集体福利事业。"并指示要恢复放假制度，在假期"要让教师休假，给教师以消除疲劳、思考问题、总结经验的时间，给他们以休整的时间，不能把他们的假期时间都给占用了。搞好劳逸结合，不仅不会降低而且有助于提高教学质量"①。邓小平同志上述这些指示，确是真知灼见，这不仅是对教师的生活的关心，更重要的是对整个教育事业的关心。事实已经证明，只有教师的物质待遇改善了，才能鼓励教师终身从事教育事业，稳定教师队伍。

3. 要建立工作责任制

邓小平同志说："在管理制度上，当前要特别注意加强责任制。"他认为企业事业单位也好，党和国家的各级机关也好，都必须建立责任制，并强调"任何一项任务、一个建设项目，都要实行定任务、定人员、定数量、定质量、定时间等几项制度"。为了使责任制真正发挥作用，他提出必须采取一要扩大管理人员的权限，责任到人就要权力到人。二要善于选用人员，量才授予职责。三要严格考核、奖惩分明等三项措施。他指出："所有的企业、学校、研究单位、机关，都要有对工作的评比和考核，要有学术职称、技术职称和荣誉称号。要根据工作成绩的大小、好坏，有奖有罚，有升有降。而且，这种赏罚、升降必须同物质利益联系起来。"②

4. 要充分发扬民主，密切联系群众

对如何搞好学校教育的改革和管理，他认为密切联系群众充分发扬民主是最根本的一条。这一条是领导管理人员的作风，也是一种管理制度。他提出："对教育工作中一些重大问题，充分开展讨论。要提倡敢想敢说的革命精神。有不同意见不要紧，各种方案可以比较。"他强调"办什么事也得走群众路线。人民内部要有充分的民主，这样才能拿出好的主意来"。他批评那种"根本不去同群众接触，一个学校的负责人，不去跟学生谈话，甚至于跟教员都不大接触"③的不良现象。

邓小平同志上述一系列关于改革管理方法、管理制度的论述，既继承了我党的优良传统，又反映了当代先进的管理思想和新的领导作风和领导管理方式。它综合体现了现代化科学管理理论的分工与授权理论、参与理论、激动理论、领导

---

① 邓小平. 邓小平文选：第二卷 [M]. 北京：人民出版社，1994：55，109. ——编者注
② 邓小平. 邓小平文选：第二卷 [M]. 北京：人民出版社，1994：151. ——编者注
③ 邓小平. 邓小平文选：第二卷 [M]. 北京：人民出版社，1994：110，228. ——编者注

方式理论等方面的内容，同时又具有我国社会主义管理的特色。

学校管理方法和管理制度的改革，涉及的问题是多方面的。就教师工作管理方面说，中心的问题是如何充分调动教师的积极性，提高工作效率和质量的问题。从小平同志的以上论述以及我国教师工作管理的经验和现代管理科学的理论看来，要进一步改革教师管理的方法和管理的制度，必须抓住如下各点：

第一，努力做好教师的思想教育工作。重视思想教育工作，这是我党的优良传统，也是社会主义管理理论与资本主义管理理论的根本分歧之一。我们坚信加强教师的思想教育工作，使他们增强对社会主义、共产主义事业的信念，对祖国对人民的感情，对党的认识和态度，对工作的责任感，其积极性就容易调动和发挥出来。

做好教师的思想教育工作，首先就要端正对教师的态度，要尊重教师，然后才会有好的政策、方法和方式。自尊心强，重视自己的威信是教师的重要心理特点之一。教师由于处于为人师表的地位，他们的劳动和人格理应受到人们的尊重。他们不但希望得到学生的尊重，也希望社会上尊重和重视他们，希望学校领导尊重他们。因此，对教师要多给予鼓励、信任，而不能损害他们的人格和自尊心。应该看到我们的广大教师经受过党的长期教育，自觉积极性是主要的。我们的事业符合每个人的最大利益，这是产生积极性的根本基础。如果我们的方法正确，是完全可以通过思想教育工作，把教师的积极性调动起来的。

第二，重视教师的物质利益，关心教师的各种需要。一切思想都来源于客观物质世界，并受其影响和制约。思想教育工作要与物质利益结合起来，那种"思想万能"，离开人们的物质利益和实际问题的思想政治工作，是行不通的唯心主义的东西。因此，要调动教师的积极性，还必须了解和研究他们的需要，关心他们的物质利益。

马克思主义认为，人的行为是由诸多因素所促成的。其中有外部客观决定因素和内部主观决定因素。这两种因素的综合就成为人们行为的主要动因。而人的这种既对外部世界和其他人作决定，又对自身作决定的出发点和主要因素，就是人的需要。马克思说过："任何人如果不同时为了自己某种需要和为了这种需要的器官而做事，他就什么也不能做。"[①]

人们的物质需要和精神需要是最基本的需要。恩格斯曾经把人们的生活需要分为三个部分：一是生存需要；二是享受需要；三是发展需要。生存、享受需要主要是属于物质方面的需要，而发展需要也即是表现自己的才能、自己的个性，

---

① 阿法纳西耶夫. 社会管理中的人［M］. 贾泽林，等译. 北京：知识出版社，1983：211.

取得较高成就的需要则主要是属于精神方面的需要。一个人在物质和精神方面的需要得到一定程度的满足，就会产生一定程度的积极性。

当前我国中小学教师有哪些基本需要呢？这是需要认真进行调查和研究的一个重要问题。有的同志认为我国教师当前的基本需要有五个方面，即政治生活方面的需要、个人才能特长得到发挥的需要、改善生活和工作条件的需要、学习进修的需要和丰富业余生活的需要。当然，这些需要是会因时、因人而有所变化和发展的，所以学校管理人员要经常了解和研究教师的各种需要，分析他们的需要产生的条件，尽量满足教师的合理的需要。同时要注意调节和培养教师的需要，要善于围绕社会的要求和规范限制一些需要和造成另一些需要，培养那些符合共产主义理想的兴趣和需要，并要教育引导教师对需要进行自我监督和调节，把需要变为自己管理自己的思想和情绪、兴趣和意志的手段，而避免自己成为外部环境和自己内部纯主观主义动机的奴隶。使教师能正确对待自己的需要，正确处理个人与集体、与社会、与国家的矛盾，使需要的满足与革命理想、事业心连在一起。

第三，科学地组织教师的劳动。这是教师工作管理的一项重要内容，也是充分发挥教师积极性的重要条件。

首先，是要根据每个教职工的工作能力、政治素质和道德素质，根据他们的业务知识和经验对他们的工作进行合理的安排。这里特别要求做到专业对口，发挥教师的专长。在专业对口的基础上考虑每个教师的具体长处。如基础知识好，语言生动形象、感情丰富、组织能力较强的教师，适于承担低年级的教学工作和班主任工作；系统理论知识扎实、逻辑推理能力强、感情稳定含蓄、善于发挥学生作用的教师，就较适宜承担高年级的教学工作和班主任工作。

其次，要有明确的工作责任制，把分工与协作结合起来。要使每个教师明确自己应该做什么，而且明确每项工作任务的数量、质量和时间要求，并对自己的工作结果负责。要使每个教师有合理的劳动负担，有科学根据的劳动定额和有效的劳动奖励。这样才能克服分工不清、职责不明和干多干少一个样的现象，从而提高工作效率，调动每个人的积极性。当然，在明确分工建立责任制的同时，也要强调为实现统一目标而共同协作。使教师集体能够互相协作、互相帮助、共同进步，建立起一种只有社会主义社会才可能存在的真正的人与人的关系，把所有教师形成一个努力工作、团结互助的集体。

科学组织教师的劳动，除了要正确安排他们的工作，使他们既有明确分工又能互助合作之外，还必须为他们创造良好的工作条件，使教师能最好地完成自己的工作任务。如提供必要的物资设备和图书资料等业务工作所需要的各种信息。

第四，调动教师参与学校管理工作的积极性，发挥教师在学校管理中既是管理的对象，又是管理的主体作用，实行民主的管理制度。社会主义条件下学校的教师是学校的主人，他们完全有权利参与学校的管理工作，这样做可以大大增强教师的主人翁意识，使之产生当家做主的思想感情，增强工作责任感、义务感和自觉性。同时可以使教师更好地了解学校各方面的具体情况和困难，有利于密切领导与群众的关系。特别是在当前新的技术革命的条件下，学校要适应当前形势，要根据"三个面向"的要求进行改革，其决策的复杂性和责任大大提高了。单靠学校少数领导人员是不能正确地、及时地解决改革中所有问题的，必须善于发挥教师群众的智慧，使领导与群众都积极地共同参与决策的制定与执行。

吸收教师参与学校的决策与管理，要有组织和制度保证。如建立教职工代表大会制，成立各种委员会或工作小组等。

列宁、毛泽东、邓小平同志关于教师管理方面的思想，其内容是很丰富的。本文只是从上述四个方面进行了初步的学习和探讨，不当之处在所难免。进一步深入学习他们在这方面的论述，是搞好教师队伍建设，改革学校管理工作的一项重要任务。

（广东教育学会第七届年会论文）

浅析《教师法》的基本内容及其实施要求

1993年10月31日公布的《中华人民共和国教师法》（简称《教师法》），今年1月1日起正式施行。这是我国教育事业建设的一件大事，这标志着我国教师的合法权益，建设具有良好思想品德和业务素质的教师队伍，促进社会主义教育事业的发展，有了国家的法律保障。

一

我国的《教师法》，全文分为九章四十三条，其基本内容可以概括为以下三个主要方面。

（一）明确规定了教师的权利和义务

《教师法》与其他法律一样，都是由国家制定的行为规范。但它不同于一般的道德规范、日常生活规范，它用法律的形式规定哪些事情是人们应该做的或不应该做的，哪些是必须做的或禁止做的，它具有约束力和法律效力。

我国的教师是履行教育教学职责的专业人员，承担教书育人，培养社会主义事业建设者和接班人，提高民族素质的使命。为保证教师的职责和伟大使命的完成，《教师法》第二章明确规定了教师享有的权利和应当履行的义务。

教师的权利是教师职业范围内可以由教师自己享受和支配的权益。法律所规定的权利，就成为教师的合法权益。我国《教师法》所规定的教师享有的六项权利，可简括为：业务活动权，学术活动权，教育学生权，享受工资报酬、福利待遇权，参与管理权和进修提高权。这些权利，是教师职业工作所需要的，没有这些权利，教师的工作将难以开展。有了这些权利，教师才能开展工作，调动其积极性，参与学校管理和发展提高自身的各种素质。用法律形式规定教师应该享受上述权利，体现了政府和人民对教师职业的尊重和关怀，但并不是政府或某些人对教师的一种恩赐。作为教师，应当珍视自己的权利，争取自己的权利，充分享受自己的权利；作为政府、社会和群众，应当尊重教师的权利，保障教师的权利。过去有的教师不明确自己的权利，不敢和不善于充分享用自己的权利；有的人，有的单位、学校领导和政府机关，无视教师的权利，甚至拖欠、扣发教师的工资，把改善教师的生活福利待遇看作是对教师的恩赐，这是十分错误的。

教师的义务，是教师职业范围内应尽的责任。任何社会的有组织的行业和专业人员，公务人员都负有与其职业要求相适应的职责。权利与责任是相辅相成的，职责权利统一，是现代人事管理的一条原则。

《教师法》规定教师必须履行的六项义务，可简括为：遵法守纪，为人师表；贯彻方针，完成任务；教育学生，开展活动；面向全体，促进发展；保护学生，不受侵害；提高觉悟，改进业务。这些义务，是对教师职责全面的，也是基本的要求。只有全面实现这些义务，才能完成其教书育人，培养社会主义事业建设者和接班人，提高民族素质的使命，才能体现教师在社会主义现代化建设中的重要地位和作用。作为教师应该认识到，党和政府号召全社会要尊重教师，是尊重教师的地位和作用，既包含尊重教师的权利，也包含对教师完成义务的献身精神的尊重，所以教师应全面履行上述义务。

过去，我们绝大多数教师在教书育人工作中，是勤恳工作、尽职尽责的。尽管教师工作艰苦，待遇低微，生活清贫，还是以教育事业为重，以学生的发展、成长为重。广大教师懂得，作为义务，是不能事事讲报酬，一切"向钱看"的。目前，教师的经济地位较低，虽然党和政府正在采取各种措施改变这种情况，但由于多种原因，教师的经济待遇还不会得到很大的提高，我们广大教师绝不会因此而放松自己应尽的义务。一个教师是否尽力完成自己应尽的义务，是衡量教师思想品德素质高低的重要标尺。任何一个想成为称职教师的人，必须认真履行教师的义务。

（二）提出了对教师管理工作的基本要求

《教师法》是教师管理工作的法律依据。因此它对我国教师管理工作作出了全面的、明确的规定。

教师管理工作，是教育人事行政管理的重要组成部分。《教师法》规定，主管我国教师工作管理的部门，是国务院教育行政部门。国务院有关部门在各自职权范围内负责有关的教师工作。学校和其他教育机构根据国家规定，自主进行教师管理工作。可见，我国教师管理工作体制，是以国家的教育行政部门为主，其他有关部门协同执行职权范围内的有关工作，学校等教育机构依法进行自主管理。这种体制，既有集中统一，又有分权和分工，是一种较科学合理，切合我国实际情况的管理体制。但是，无论哪一个层次对教师工作的管理，都必须依照《教师法》所规定的有关法律准则来进行。这样，才能使教师管理工作达到科学化和规范化的要求。

教师管理工作的基本职能是对教师的选拔任用、培训、考核、奖惩、工资福利待遇等项事宜进行规划、决策、组织、指挥、协调、控制等管理活动。《教师法》的第三章"资格和任用"，对我国教师的选拔任用提出实行"资格认定制度""教师职务制度"和"教师聘任制度"。这些制度的实行，有利于教师队伍素质的提高。人事管理的理论认为，人员的选用，是人事行政工作的核心与关键。有的人事行政的著作指出："人员选用为全部人事行政的基石，盖若非选得适当人员担任适当的工作，不论管理方法如何精密，皆无济于事。若选用的人员缺乏推进各项公务时所需的能力与条件，而期望其能产生胜任的服务力量，是决不可能之事。"[①] 所以，任用教师的第一步，是要按《教师法》规定的教师资格选用教师。而第二步就是要实行"职务制度"，按照教师的不同学历、能力、资格条件、责任大小、实际贡献程度，分门别类，制定规范，评定等级和职务职称。至于"教师聘任制度"，这是许多国家任用教师的基本制度。在市场经济条件下，为了增强学校自主管理教师的工作力度，增强学校的活力，实行教师聘任制是非常必要的。

教师的培养和培训，是教师队伍建设的前提和关键。《教师法》要求各级人民政府和有关部门应当办好师范教育，鼓励优秀青年报读师范院校，以便培养大批的教师队伍的新生力量；要求各级教育行政部门和学校制定教师培训规划，对教师进行多形式的思想政治、业务培训。这些要求用法律形式规定下来，充分说

---

① 江月孙，陈德祥. 现代教育行政学概论［M］. 广州：广东高等教育出版社，1990：120.

明国家对教师的培养培训工作的高度重视及做好这项工作的决心。各级政府以及教师管理工作的有关部门、学校，一定要有足够的认识。现代人事管理既十分重视人员的选用，更重视人力资源的开发，而且重点在于开发人的能力。做好教师的培养和培训，就是人力开发的关键环节。随着我国教育事业的发展，九年制义务教育的普及，我们需要培养大批合格教师充实各级各类学校的教师队伍。目前在职教师中还有相当数量未达到国家规定的学历要求，就是达到了相应学历的教师也要不断培训提高。国外有的研究结果表明：教师服务成绩评定的结果是在最初阶段随经验的增加而迅速上升；以后五年或更长时期进步速度逐步下降，以后十五年至二十年无大变化；再后则趋于衰退。这是一条教师使用逐步衰退的曲线——开始时显著上升；继而平稳，逐步下降；终于出现衰退现象。究其原因，主要是科学技术和人类的新知识是层出不穷、飞跃发展的。要防止和延缓这种衰退现象的主要办法，就是要加强教师的进修和培训，这才能使广大教师适应科学发展新形势的普遍需要。①

教育行政部门和学校在组织教师的培训工作时，要把全面提高教师的素质作为宗旨，即要通过培训提高教师的政治思想、教育思想、师德修养、文化专业水平和教书育人的能力和方法。

关于教师的考核，《教师法》也做了规定和要求。对教师的考核，主要由学校负责实施，教育行政部门对此项工作进行指导监督，考核的内容主要是政治思想、业务水平、工作态度和工作成绩，即：德、能、勤、绩四个方面。

在这里需要特别提出的是，要十分明确教师考核工作的目的和意义。我们认为，考核的目的是提高教师的素质，维护组织纪律，调动教师搞好教书育人工作的积极性，提高教师管理工作效能。其意义在于：有利于发现和有效利用教师的能力，确定教师能力开发的方向和程度；有利于对教师的德、能、勤、绩作出公正的、恰如其分的评定，为职务升降、确定工资奖金提供依据；有利于激发教师的竞争意识，在教书育人的工作中做出更大的成绩；有利于改进学校的管理工作。

《教师法》中关于教师的工资和福利待遇问题有专章加以规定。这个问题是党和政府长期关注而又没有解决好的问题，也是广大教师最为关心的切身利益和合法权益的核心问题。这个问题能否解决好，关系到教师队伍的稳定，教育事业的发展和教育质量的提高，关系到是否尊重知识、尊重人才的问题。列宁对教师的工资福利待遇等物质生活条件非常重视，指出："必须进行有步骤、坚持不懈

---

① 全国协作组. 普通学校教师管理 [M]. 西安：陕西人民出版社，1987：333.

的工作,来提高他们的思想意识,使他们具有真正符合他们的崇高称号的各方面的素养,而最重要的是提高他们的物质生活条件。"① 邓小平同志也多次指出要提高教师的工资,办好教师的福利。当今许多国家为了振兴教育事业,都十分重视提高教师的工资与福利待遇。1966 年,联合国教科文组织召开了一次政府间特别会议,通过了给多国政府的《关于教学人员地位建议》。其中关于教师的待遇第 115 条提出"①应能与教师职能及行使这些职能的人对社会的重要性相匹配,同时与教师从接受这一职能起就承担的各种责任相匹配;②使教师在与要求相同或相似资格的其他职业比较时占有优势;③保证教师自身及其家庭的生活达到合乎情理的水平,使其具备通过发展自身知识丰富自身教养而改善职业资格的条件"。第 145 条还指出:政府部门应当承认,改善教师的社会及经济地位,改善他们的生活与工作条件,改善他们的就业条件和职业前途,是解决缺乏好教师的最佳途径,是使完全合格的人进入教师职业或回到教师职业中来的最好办法。②

近年来,我国教师的工资和福利待遇逐步有了提高,但一般来说,仍然偏低,还有许多不合理的现象,不能很好体现按劳取酬、多劳多得的分配政策。教师的住房、医疗等问题也没有得到有效的解决。由于教师的工资福利待遇偏低,已严重影响了教师队伍的稳定和新的师资来源。为了解决这一问题,《教师法》明文规定:"教师的平均工资应当不低于或者高于国家公务员的平均工资水平,并逐步提高","中小学教师和职业学校教师享受教龄津贴","对城市教师住房的建设、租赁、出售实行优先、优惠","县乡两级人民政府应当为农村中小学教师解决住房提供方便","教师的医疗同当地国家公务员享受同等的待遇"。这些法律规定,其针对性是很强的,各级政府及有关部门必须切实执行尽快落实,早日实现,以保障法律规定的教师权益。这个问题不及时解决,不仅反映了政府和有关部门负责人对教师的错误态度,也反映了他们对国家的法律采取了极其漠视的态度,这是极端错误的。

(三) 界定了有关的法律责任

一部比较完善的法律,一般都需要界定有关的法律责任,以便更好地操作执行。所谓法律责任,是指由于违法行为的性质和社会危害的程度不同,不同的违法承担不同的法律责任。行政违法承担行政法律责任,民事违法承担民事法律责任,刑事违法承担刑事法律责任。

---

① 上海师范大学教育系. 列宁论教育 [M]. 北京:人民教育出版社,1979:328.
② 苏真. 比较师范教育 [M]. 北京:北京师范大学出版社,1991:447 - 449.

《教师法》第八章第 35~39 条，就违反《教师法》的法律责任问题作出了有关规定。概括起来是：

第一，任何单位或个人有侵犯教师人身安全，侮辱教师人格，对教师打击报复的，视其性质不同，情节轻重，要分别承担不同程度的行政法律责任、民事法律责任或刑事法律责任。

第二，教师本人如若有故意不完成教育教学任务给教育教学工作造成损失的；体罚学生经教育不改的；品行不良，侮辱学生，影响恶劣的，均认为是违法行为，要承担行政法律责任，或给予解聘；而情节严重，构成犯罪的要追究其刑事法律责任。

第三，地方人民政府及其所属下级行政机关违反《教师法》有关规定，拖欠教师工资或者侵犯教师其他合法权益的，挪用教育经费严重妨碍教育教学工作的，由其上级机关责令其限期改正、归还，并对直接责任人给予行政处分；情节严重，构成犯罪的，依法追究刑事责任。

明确界定上述法律责任，对维护《教师法》的权威和严格执行《教师法》，都是十分重要的。

二

《教师法》是我国教育史上第一部关于教师的法律，它从起草到正式颁布历时 8 年，真可谓"来之不易"，制定《教师法》的根本目的是为了保障教师的合法权益，搞好教师队伍建设，促进社会主义教育事业的发展。这样的目的能否达到，关键在于是否正确理解、全面执行和全面落实。因此，实施《教师法》必须强调下列几点。

（一）提高对制定和实施《教师法》的重要意义的认识

《教师法》是一部在新形势下完善教师队伍建设的重要法律。它的制定和实施将使教师的合法权益得到维护，使教师的待遇和社会地位的提高有了保障，使教师成为社会上受人尊敬的职业，促进尊师重教的良好社会风气的巩固和发展。同时，《教师法》的制定和实施，将使我国教师工作管理更加规范化和科学化，确保教师队伍整体素质的不断优化和提高。

尊师重教是我国的优良传统，在社会主义建设时期，更应使它发扬光大。党的十一届三中全会以来，党中央和邓小平同志，为把我国建成"四个现代化"社会主义强国的战略目标出发，把科学和教育提高到极其重要的地位。邓小平同志提出过"四个现代化"，关键是科学技术现代化，"科学技术人员的培养，基础在教育"的著名论断。他强调"要特别注意调动教育工作者的积极性，要强调尊重教师"，"不但学生应该尊重教师，整个社会都应尊重教师"。而尊重教师，就要提高教师的地位，提高教师的待遇，切实保障教师的合法权益。邓小平同志还针对我国教师工资待遇低的情况，指出："要研究教师首先是中小学教师的工资制度。要采取适当的措施，鼓励人们终身从事教育事业"，并要求各级领导办好教师的福利事业。实践已经证明，只有教师的物质待遇改善了，才能鼓励教师终身从事教育事业，稳定教师队伍。

提高教师的待遇与提高教师的素质是联系在一起的。教师的低待遇必然导致队伍的低素质。没有相应的物质待遇，空喊提高教师的地位是无济于事的。我们提高教师的待遇，正是为了建设一支素质优良的教师队伍。

《教师法》规定了提高教师待遇和社会地位的措施，也规定了教师的素质要求和教师管理的各种制度，这就为维护教师的合法权益，为建立新的教师队伍管理体制提供了法律依据。

（二）要向全社会宣传《教师法》，使各个方面明确自己在维护和执行《教师法》中的责任

《教师法》虽然是我国教育方面的法律，但它涉及全社会的方方面面，其内容绝不只是与教师有关，而是与全社会有关。它的实施不仅是教育部门的事，它要得到社会各方面的理解与支持，它对教师、政府、任何单位和人员在实施《教师法》方面，都提了相应的责任和要求。只有在全社会大力开展《教师法》的宣传教育工作，认识《教师法》的意义和明确对自己的责任和要求，才能提高依法、执法的自觉性。所以，在有了《教师法》以后，就要在全社会开展广泛的学习和宣传教育活动，造成一种学习《教师法》，执行《教师法》的形势。特别是地方政府、教育行政部门和学校要做好学习、宣传、执行《教师法》的模范。

学习宣传和贯彻执行《教师法》要全面，不要搞各取所需，任意解释。但是，也要根据不同时期所出现的实际情况，有针对性地宣传，贯彻落实。当前，应突出以提高教师的素质，改善教师的工作条件和生活待遇为重点。贯彻《教师法》，要求各级政府要切实为教师解决一些实际问题。目前教师队伍急需解决的问题，主要是经济待遇偏低，从而造成教师队伍严重不稳定。各地政府应切实落实《教师法》中有关教师工资、住房、医疗等方面的规定，把学习宣传《教师法》与为教师办实事，解决当前存在的突出实际问题结合起来，做到学法、知法、守法、执法。

（三）实施《教师法》的关键在于地方政府

《教师法》是由国家最高权力机关制定的，而它能否被贯彻执行，关键在于

政府。首先，它要求各级政府较大地增加对教育的投入。教育经费不足，教师队伍不稳定是困扰我国教育的两大难题，而两者又是密切联系不可分的。教师队伍不稳定主要是教师待遇过低造成的，说到底也是政府对教育的投入不足造成的。要落实《教师法》有关提高工资和住房、医疗等福利待遇，各级政府就要多方筹集教育经费，增加教育经费。否则，提高教师的物质待遇的有关法律规定就无从落实而成为一纸空文。其次，政府部门要制定实施《教师法》的细则和配套的行政法规。《教师法》的内容虽然很全面、实际，但作为国家颁布的法律，它对许多问题，只能作出原则性的、普遍性的规定。为了有利于统一认识和便于基层操作、执行，就要由政府部门制定实施细则和有关配套的政策法规。最后，各级政府要加强对执行《教师法》的行政监督。对《教师法》的实施监督，除国家的权力机关和检察监督外，国家行政机关的行政监督是非常重要的。政府应通过各级教育督导，对下级政府、教育行政机关和学校执行《教师法》的情况进行监督指导。

（原载《人事管理研究》1994年第1期）

浅析教师劳动过程的特点

马克思指出过:"劳动过程的简单要素,是有目的的活动或劳动自身,它的对象和它的手段。"随着人类社会生活的复杂化,作为人们现存的社会分工的社会性劳动也日益复杂起来。可是,作为人类社会劳动的构成要素,却始终离不开劳动目的、劳动对象、劳动手段等方面。教师所从事的教育劳动,毫不例外地也受这些要素所制约,只不过它是一种复杂的脑力劳动,它与体力劳动者从事的劳动以及与其他部门的脑力劳动者所从事的劳动相比较,又有其自身的特点。了解和研究教师劳动过程的特点,对提高从事教育劳动的自觉性、探讨提高教师素质要求和加强教师的自我修养都是有意义的。

(一) 教师的劳动目的与学校教育目标的一致性

学校教育,是通过培养一定类型的人来为一定社会的政治经济服务的。这是它的专门的社会职能。所以学校教师的劳动目的也就在于培养人。教师必须根据一定社会的发展需要与可能,在受教育者的积极参加下对他们的身心实施有目的、有计划、有组织、有系统的影响。教师通过自己的劳动创造的不是社会的物质财富,也不是社会的精神财富,而是培养出能为一定社会不断生产物质财富或精神财富的新一代。在我们社会主义国家,由于生产资料主要掌握在国家手里，劳动人民成了国家的主人，要求每一个公民都自觉地为社会主义祖国从事创造性的劳动。作为学校的教师，为了提高自己的劳动目的性和劳动效果，就必须遵循国家规定的学校教育的总目标进行工作。在总的目标指导下根据教学计划、教学大纲的规定，制定适合自己所教学生的年龄特点和水平的教学要求，以便更好地完成国家赋予各级学校的教育任务，培养德智体全面发展的各种类型的社会主义劳动者。

教师劳动的最直接、最根本的目的是教好学生。其主要工作是教育、引导学生学习，丰富学生的知识，影响学生的态度和信念，培养学生们良好的道德行为和促进学生身体的健全发展。学习是学生的根本任务，学生的学习任务与教师劳动的目的在本质上是一致的。这里关键的问题是教师要善于把国家、社会对学生的要求转化成为学生学习的动机，唤起学生的求知欲和责任感，使国家的要求成为学生的自觉行动。而这个转变过程的达成，首先，要求教师对社会主义教育目的和学校的培养目标以及所教学科的任务有明确透彻的了解，并把它用来指导自己的工作，落实到具体教学活动中去。所以教师要把教育方针、教育目的、学校的性质和任务、学科的目的要求连贯起来，时刻记在心中，并贯穿于教育教学的全过程。我们的教育的基本方针和目的是使受教育者在德育、智育、体育各方面都得到发展，成为有社会主义觉悟的有文化的劳动者和又红又专的人才，坚持脑力劳动与体力劳动相结合，知识分子与工人农民相结合。这是全国统一的。但各级各类学校又有自己的任务和培养目标。教师必须按照这个要求，明确向学生传授什么知识技能，从哪些方面培养学生的智力，培养哪些思想观点、道德品质、行为习惯，怎样促进学生体力的发展等。其次，教师要善于引导学生把学习目的与国家的教育目的、学校的培养目标一致起来。学生的学习目的性的教育不是由教师的空洞说教所能奏效的。这里尤其需要的是要在实际的教育教学活动中加以诱导：一方面使学生明确每一学科学习的内容与自身的成长有什么联系，使他们明确这些知识能力对他们有什么好处，这也就是要使他们认识到这些知识能力会促进他们的聪明才智得到更好的发挥；另一方面又要引导学生认识和了解国家和社会对自己的要求，使学生把今天的学习与将来的劳动联系起来，明确在我们的社会主义国家，不管什么人，不管从事什么工作，都必须掌握社会的、自然方面的知识，这是一个劳动者应具备的、德智体全面发展、又红又专的要求。教师就是要帮助学生为实现这样的目标而努力学习。当然，这种目标实现的程度是因时因人而异的。教师要善于帮助学生给自己确定一个适当的目标。这个目标既要从学生的现实水平出发，又是要经过学生努力能够达到的，目标过高或过低都不利于学生的成长。

（二）教师的劳动对象的复合性

劳动总是要作用于一定客体的。不同工种的劳动都有其独特的劳动对象。教师的劳动对象，总的说来，是正在成长中的青年一代。教师的任务是要把受教育者塑造成为国家社会的有用之才。而塑造人的工作是一种十分艰巨而复杂的劳动。人们总爱把教师比作浇灌幼苗成长的园丁，可实际上教师的劳动比起养护植物幼苗成长要复杂得多。因为学生既是活生生的有思想的人，又是缺乏知识经验易受各种影响的人。无论知识技能的获得、道德品质的养成，都要教师精雕细刻和辛勤培育。培养全面发展的新一代要受到多方面的因素所制约。它要根据社会发展的要求，受教育者身心发展的规律，学生掌握知识过程的规律和学科的特点来组织各项教育教学活动、发展学生的智力和体力。学生的德智体的发展过程既有人的认识活动过程，又有人的生理活动过程。因此，教师培养学生既要遵循学生获得精神道德、知识技能方面的规律，又要遵循学生生理发育和身体机能活动的规律。教师工作的效果，很大程度决定于对自己劳动对象的了解程度。每一个学生所处的客观条件不同，思想、学习的情况不仅因人而异，而且千变万化。即使同一年龄阶段、同一班级的学生，在知识水平、接受能力，在兴趣爱好和特长，在遗传素质和家庭教育、环境影响，在学习态度和方法等方面也不尽相同。教师要在这些影响学生成长的纷繁复杂的各种关系中，找出培养学生思想、知识和身体成长的规律性。这就要求教师不断了解和研究自己教育对象的特点。

教师通过对学生的了解和研究，可以增强对学生热爱的感情。只有对自己的劳动对象有所认识和热爱，才可能有创造性的劳动成果。有些教师对一些所谓后进生往往感到头痛，有时甚至会产生厌烦的情绪。这里一个很重要的原因就是教师对学生缺乏全面深入的了解。事实上每一个学生，包括后进生在内，都是有积极因素和进取心的。教师只要深入观察，细致分析学生的各种思想行为表现，就可以在后进学生身上也找到"闪光"的东西，会"意外"地发现学生在教师的教育影响下是在逐渐成长的。透过学生微小的进步，教师就能看到自己的劳动成果，增强自己的工作信心。这时，他就会对后进生也产生一种关心爱护的思想感情。常言道，爱是教育的前提。许多优秀教师的实践经验证明，对学生关心爱护，学生就会乐于接近教师，乐于向教师谈论自己的问题和接受教师的教导。所以作为一名教师，观察、了解、研究自己的劳动对象——学生，是取得创造性劳动成果的重要条件。

培养教育人是要通过一定的教育内容来实现的。学校的教育内容总的来说是由国家规定了的。它主要体现在教学计划、教学大纲和教科书中。是否教师按照国家规定的教育内容"照本宣科"传授给学生就可以了呢？不是的。教师必须在培养学生以知识技能的过程中充分发挥自己的创造性。优秀的教师不仅传递文化科学知识，他还必须根据科学文化的发展和实际情况对教育内容进行适当的选择、解释和更新。如果教师"照本宣科"地传授知识，学生就不可能学到活的知识，更不可能发展和提高学生的智能。所以，在教学中，教师不仅要熟悉教学大纲和教材，而且还要熟悉科学文化的新发展。教师不仅是教材内容的说明者，还要对教材进行内容和方法上的适当加工、改造，以使学生更易于接受和有利于学生的发展。而这些都可以说是对教学内容的再创造。从这个角度来说，教学内容即知识本身也成了教师劳动的对象。因此，教师劳动的对象不是单一的，而是复合的。教师劳动对象的复合性特点，反映了教师劳动的复杂性。绝不是如某些人所说的，教师的劳动是单纯的、简单的重复性劳动。恰恰相反，它是复杂的、创造性很强的劳动。

（三）教师劳动手段的多样性

劳动手段是劳动者作用于劳动对象的方法和媒介，是取得劳动效果的重要因素。一般来说，劳动对象愈是复杂，就愈是要讲究劳动的手段和方法。教师的劳动手段总的可概括为一个"教"字。而"教"的手段和方法又是多样的。中国古时候的教育工作者就总结出对学生的教育要言教和身教相结合。所谓言教，一般是指教师通过口头的、书面的语言、符号和图像等作为信息，把知识传授给学生；所谓身教，主要是指教师通过自己的思想、行为作为榜样对学生进行性情的陶冶和人格的感染。实践证明，只有把言教与身教结合起来，对学生进行教育，才能收到好的效果。

教师的言教，是向学生传授文化科学知识的主要手段。广义的言教应包括教师的讲授以及配合语言的演示、实验、参观、练习、自学指导等各种教学方法的运用。那种把言教看作是单纯的语言因素，早已不适应科学教育发展的要求了。

教学的效果，是教学内容与教学手段的统一。教师只有对自己所教学科有较坚实的基础，对教材达到精通的程度，才能左右逢源、融会贯通。无数事实说明，凡是教课得到学生欢迎的教师，都是知识较广博、基础较扎实的。如果教师知识根底过浅，知识面又很窄，讲起课来只能望文生义、照本宣科，这就不能引起学生的学习兴趣，也就不可能有高的教学质量。因此，教师必须努力学习、刻苦进修。原来学历不高的教师固然需要抓紧进修，就是学历较高、基础知识较好的教师也要不断提高自己。特别是在"知识爆炸"的今天，知识不断发展和更新，只有不断学习进修才能适应提高教学质量的需要。国外有的研究结果表明：教师服务成绩评定的结果是在最初阶段随经验的增加而迅速上升；以后五年或更长时期进步速度逐步下降；以后十五年至二十年无大变化；再后则趋于衰退。产生这种现象的原因当然比较复杂，但与教师是否坚持在职进修关系极为密切。教师要不断提高教学质量，就要不断丰富和提高自己的知识和业务水平。北京第一实验小学副校长王企贤从事教育工作几十年，知识根底厚，教材熟练，经验丰富，真可谓是一位老教育家了，但他几十年来仍一直保持着不倦地学习进修的良好习惯。有人说教师要给学生一杯水，自己就要有一桶水。而王企贤从来不以一桶水为满足，总是不断提高自己，不断改进教学方法。这就是他取得极大成功的"秘诀"。

教师的身教对学生的感染力量是不可估量的。这是因为学生随时都在注意观察和模仿教师的言行举止。他们不仅接受教师的言教，而且受到教师个人思想行为的影响，这是无声的有力的教育。俄国的思想家乌申斯基指出过，教师对青年人的影响而形成的教育力量，无论是用教科书、用道德的说教、用惩罚的手段和奖励都代替不了的。加里宁也说过："教师的世界观，他的品行，他的生活，他对每一现象的态度，都这样或那样地影响着全体学生。……可以大胆地说，如果教师很有威信，那么这个教师的影响就会在某些学生身上永远留下痕迹。"

由于教师的身教对学生的感染力量非常之大，所以教师的完美的思想品格和言行一致的革命精神，就成为教师劳动中一种强而有力的教育手段。孔子说的"其身正，不令而行，其身不正，虽令不从"是有道理的。所以，要求学生做到的，教师首先要做到。如：教师要求学生坚持正确的政治方向、确立革命人生观，教师自己就要努力学习马列主义和毛泽东思想，努力提高思想觉悟，处处坚持和维护"四项基本原则"；教师讲唯物主义，自己就要不信神不信鬼，工作从实际出发、实事求是；教师讲大公无私，自己就要抛弃"人不为己，天诛地灭"的剥削阶级信条；教师要求学生做到"五讲四美"，自己就要带头执行；教师要求学生认真学习，自己就要对工作认真负责、忠于职守，等等。

随着科学技术的发展和被引进教育领域，教育劳动的新手段逐步被广泛采用。现代化的教育手段大大地提高了学校教育的效率，这是人们所公认的。这样，教师的劳动手段已不限于言传身教了，许多只用教师本人的言传身教所达不到的内容与效果由于现代化教育手段的采用已迎刃而解了。但是，尽管如此，教师的言传身教仍然是教师劳动的重要手段。作为现代学校的教师，必须把多种多样的教育手段掌握起来，同时运用，才能提高劳动的效率。

（四）教师劳动成果的群体性与个体性相结合

教师劳动的成果主要是指学生知识的进步、思想品德的提高、身体的健全发展。而这些成果的获得，是教师集体智慧和个人努力相结合的结果。教师劳动的这种特点主要表现在两个方面：一是教师的教育教学工作是面向学生集体的，其对学生的培养不是个别进行的,更不是教好一个学生再教另一个学生,而是同时面向全班几十个学生。在通常情况下,教师是将一个班级作为一个工作对象的整体。就是在对学生进行个别教育指导时,也是离不开这个整体的目标和运用班级集体的教育力量。当然,教师不应该因此而忽视对学生的个别教育工作。有经验的教师总是把学生看作是集体的一员并在集体中通过集体进行教育工作的。二是教师的劳动成果——学生的健全发展和成长,都是在家庭、社会的配合下教师集体智慧和个人努力相结合的产物。因为在通常情况下,一所学校、一个班级都不只是某一位教师在工作。学生在学校的成长和进步是在众多教师共同努力下进行多方面教育工作的结果。就是教师个人的工作也是要在教师集体支持下才能顺利进行。所以,在学校里教师必须有集体观念,学校也要注意发挥整个教师集体的力量,搞好集体备课,加强集体研究,以便统一要求,密切配合,取长补短、集思广益。但是,在强调教师劳动的群体性的同时,还要注意到教师劳动又有个体性的特点。因为学校对学生进行的全部教育教学活动主要是通过每一位教师的个人劳动来完成的。能否把教育教学工作搞好,关键还要看教师个人的素养和努力程度如何。集体备课如无教师个人的独立钻研,教学效果一定不会好。对学生进行思想教育的计划也要通过每位教师深思熟虑,采用符合教育规律的、行之有效的方法付诸实践才能完成得好。因此,教师个人努力在教师的劳动中是十分重要的。每一位教师的工作都搞好了,整个教师集体的作用才能充分显示出来。

(原载《华南师院学报》1982年第3期)

第五章 班级管理与德育管理研究

树立德育管理新观念

随着社会的发展、时代的变化，学校教育也正在发生深刻的变化。学校德育管理能否适应变化了的形势，能否适应随着时代变化而变化了的青少年学生的思想实际，是搞好学校德育管理的一个重要问题。现在有人提出，学校德育面临着"教育者困惑，受教育者逆反，教育理论贫乏"的严峻挑战。这说明我们学校的德育有许多问题迫切地需要研究解决，而这些问题解决并不是轻而易举的。由于学校德育面临许多新的棘手问题，所以人们就发出了"德育难""德育管理难"的哀叹！

学校德育陷入了一个困难的境地。难在何处？难在学校的德育目标、要求不好掌握；难在传统的德育内容、形式和方法不受学生欢迎；难在学校师生对德育不感兴趣，难以调动他们开展德育活动的积极性；难在学生的思想行为受社会和家庭影响太大，学校在德育过程中难以起到主导作用，等等。

上述种种困难问题是要深入研究、探讨，并采取适当措施加以解决的。但是，作为学校德育管理者要解决德育难、德育管理难的这个不容忽视的重要问题，就要更新观念，特别是要树立德育管理新观念。

(一) 观念更新是搞好德育管理的先决条件

观念是客观现实在人们意识上的反映，它反过来又影响、支配人们的行动。客观现实变了，观念也必须随之更新。但是，现实的变化与观念的变化并不都是同步的，观念的变化既可能超前、可能同步，也可能滞后。管理思想观念的演变过程，充分说明要搞好管理工作，管理思想观念的更新是一个先决条件。

在工业革命前的手工业时代，人类社会的主要生产方式是小规模的农业生产和手工业生产，家庭单位是基本的生产组织，当时的经济还是一种自给自足的自然经济，与这种经济形态相适应的是家长式的管理，其特点是强调管理者个人的权力，依赖传统的经验和个人的意志、才能，根本不讲究管理方法。这是一种纯粹的人治的管理方式，管理者总是凭历史经验来判断管理上的问题，而忽视对现实问题的分析和研究，因而它表现出具有单一、静止和封闭等特性。这种用旧眼光看待新事物，用过去的传统管理的做法来解决现实问题的管理观念，是一种滞后型的管理观念。

到了工业革命的大生产时代，由于社会生产方式发生了很大的变化，从以家庭为基本单位的手工业生产方式变为大规模的社会化的机器生产方式，社会的经济形态从自给自足的自然经济过渡到社会化的商品经济。过去那种纯粹以个人经验、权力和意志为主的管理方式已不能与之相适应了，因为在管理过程中会不断出现大量的实际问题，只凭过去的经验教训和个人权力已经不足以解决这些问题，需要管理者跳出唯个人意志的旧框框，而去分析研究管理实践的科学规律，以建立新的管理权威。当时的管理学家泰罗、梅约等人通过改进工序结构、规范标准、人际关系来提高管理效果，建立了科学管理、人际关系等管理学说。在管理观念上从单纯依赖个人权力、意志和经验才能，转变为把注意力放到研究与解决现实问题上。这种管理观念表现出具有求实、规范、有序和关联等特性，这是一种现实型的管理观念。

在世界步入了新技术革命的时代，科学技术和新兴学科大量涌现，以电子计算机为中心的微电子工业的高度发展，使生产的自动化、社会化、连续化程度空前提高，在发达的资本主义国家形成了高度化商品经济，与之相适应的各种管理，是一种以系统思想为指导的讲究整体效能的管理方式。这种管理方式是着眼于适应未来的要求，立足于解决现实的矛盾，归宿于寻求最优化的综合效益。这就要求管理者要全面地、综合地、主体地思考问题。既要研究管理对象，又要研究管理环境；既要研究管理现实，又要研究未来发展；既要强调管理目标，又要强调管理机制。这是一种预测式的、变革型的系统管理方式，它表现出系统、开放与动态的特征。这种管理观念是一种超前型的管理观念。

近年来，我国的社会、政治、经济等方面都发生了很大变化，反映这些变化的人们的思想观念也在变化。在学校教育中，许多传统的陈腐的与变革时代不相适应的教育思想、管理观念也要更新，才能适应时代的要求。在学校德育管理方面，同样也存在一个管理观念更新的问题。否则，我们的学校德育就不可能取得良好的效果。

过去，我们在以阶级斗争为社会的主要矛盾的年代里，不断用革命斗争的精神和党的优良传统对学生进行切实有效的教育，培养了一代又一代的新人，积累了丰富的德育管理经验。但是，今天如果我们不研究变化了的情况，不研究本时代学生的特点，仍然简单地照搬传统的做法，就不一定灵验了。比如，在教育目标观上，人们自觉不自觉地习惯于追求造就"老实听话，循规蹈矩"的封闭式的人才，对善于独立思考、好提问题，不简单盲从的学生总是不那么喜欢；在教育内容上仍偏重于脱离现实的说教；在教育形式和方法上，仍不注重培养学生的主动性、积极性和创造性，对学生自学、自理、自我教育不放心、不放手；在教育者与被教育者的关系上，缺乏平等互爱的观念；在教育途径上不重视社会实践与社会联系的方式，仍有较大程度的单一性与封闭性。与上述所有的德育传统观念相联系的德育管理，也有许多传统观念。它们像一张无形的网，束缚着人们的手脚，制约着德育工作机构的有机运转，严重地削弱了德育效果。因此，德育和德育管理的观念更新，是搞好德育管理的先决条件。

（二）**德育管理新观念**

1．时代观念

德育管理要树立时代观念，要使德育管理观念与社会变革所形成的本时代的学生的特点相适应。现阶段我国社会正处在改革开放的时代，无论是经济体制、政治体制、文化教育体制的改革都正在进行，旧的模式正在或即将被打破，有计划的社会主义商品经济新秩序正在确立，我国人民的政治生活、物质生活、精神生活和道德生活也正在发生巨大的变化。与此相适应，我们的工作对象——学生的各个方面也发生了巨大的变化。

首先，应该看到，现时代的中小学生与20世纪五六十年代的中小学生所处的社会环境有明显的差异。一是社会经历的差异。五六十年代的学生仍能体察到新旧社会的强烈反差，非常容易接受新旧社会的对比教育，使传统的教育方式非常灵验，所以有人称那时的学生是处在"接受的年代"。这是学校德育，特别是政治思想教育的坚实基础。但他们思想单纯，不够开朗、不够活跃。而80年代的学生对旧社会感受不深，认识肤浅，很难在思想感情上体察新旧社会的强烈对比，而看不清新社会的优越性，但他们眼界开阔，思想活跃。二是时代背景的差异。五六十年代的学生处在产品经济的社会环境，那基本上是自我封闭的社会，他们所接受的是单一的教育与影响，所以那时的学生以至整个社会的人们的思想相对来说还是比较单纯。而80年代学生处在改革开放的年代，商品经济得到迅速发展，与商品经济俱来的各种思想自然也在影响和塑造着他们，加之对外开放，中西文化互相影响和渗透，人们的思想受到多方面的影响，就使学生的思想显得非常复杂。三是生活方式的差异。五六十年代学生的生活方式单调、正统、俭朴，而80年代学生的生活物质条件已明显改观，从小过着较好的生活，生活上缺乏艰苦磨炼的经历。上述各方面的变化，都是出于整个社会环境发生了根本的变化。不同的社会环境，必然造成学生的不同时代特征。所以，以五六十年代学生的面貌来要求80年代的学生去模仿，是行不通的。

其次，80年代的中小学生由于整个社会环境的变化，而促使他们在思想观念、思维方式和行为方式上发生了明显的变化。由于党的十一届三中全会以后，全国工作的重点已转移到"四化"建设为中心的轨道上，我国政治稳定，经济繁荣，文化教育事业有了长足的进步，人民生活不断提高，改革开放取得了巨大的成就，使广大学生看到了光明的前途和未来，因此激发了他们努力学习、积极向上、渴望成才的思想。他们有理想、有抱负，把个人理想与国家前途连在一起。随着有计划的商品经济的发展，他们的价值观念也在发生变化，竞争意识不断增强，同时也受到了金钱观念的强烈影响，讲究眼前经济实惠，追求物质享受，甚至产生了新的读书无用论。由于社会上的不正之风和国内外资产阶级腐朽思想、生活方式的影响，加上近年学校德育工作跟不上，因而在他们的思想、道德、行为上存在不少值得高度重视的问题。

总之，现在的中小学生与五六十年代的学生在思想观念、生活方式上已有很大不同。如果我们无视这些变化，仍然简单地套用一些五六十年代行之有效的传统德育管理方法，是不会取得好效果的。所以，由于时代变化而导致教育对象的变化的特点，改进德育工作，树立德育管理与时代相适应的观念是非常重要的。

2. 开放观念

改革、开放是现时代的特征，是我国的基本政策。不仅对外要开放，学习引进外国的先进技术和管理方法、吸取国外先进的文化科学、加强对外的文化教育交流，以利于加强我国的物质文明和精神文明建设，而且对内也要开放，这就是加强各地之间的交流和纵向、横向的联系，以促进社会主义现代化建设事业的发展。

邓小平同志提出的"教育要面向现代化，面向世界，面向未来"的要求，是教育领域改革开放的指导方针。教育的改革、开放，包括学校德育的改革、开放在内。学校德育之所以也要对外开放，这是因为：

首先，马克思主义理论本身就是一个开放的发展的科学理论体系。它是人类精神文明的伟大成果，它从来不是也不可能是封闭的、凝固的。学校德育的一个重要内容就是要对学生进行马克思主义的基本理论教育，而这种教育必须联系当代经济、政治和科学技术、文化教育的新发展和我国社会主义建设的新经验，联系学生的思想实际，才能收到预期的效果。否则，马克思主义理论就会变为僵化了的教条，不仅不能解决我们"四化"建设的现实问题，而且也不能解决学生中的各种思想问题，还会引起学生的反感。这一点，我们也是有经验教训的。

其次，我们现在是处于一个信息时代的社会。各种信息量急剧增长，传播信息的工具、渠道非常之多。学生不仅在学校接收到各种知识和信息，而且在社会、在家庭、在任何一个场合都有可能接收到各种信息。他们掌握的信息有面广、量多、速度快的特点。面对这样的现实，如果我们仍然企图用封闭的方式进行德育和德育管理，显然是不可能的。而过去我们学校的德育管理，基本上是封闭型的管理，结果学校费尽九牛二虎之力，也收不到好的效果。

再次，从德育开放的实际效果来看，开放型的德育和德育管理收到了很好的效果。开放，打开了青少年学生的眼界，他们从横向找到了差距，激发了民族自尊心、自信心和责任感。开放，促进了青少年学生思想观念的变化，与现代生产、社会进步相适应的商品观念、时效观念、信息观念、人才观念、改革创新观念等都正在他们脑海中形成。随着开放的深入发展，对资本主义的认识也逐步客观和全面，我国开放改革所取得的成就，激发了他们的爱国热情，增强了他们对社会主义的向心力。

最后，从管理学的理论来看，任何组织的有效管理都是一个封闭与开放相结合的系统。现代企业的管理既要研究企业内部的管理，更要研究市场、社会环境。那种只顾提高企业内部生产率，不顾社会市场的需要和变化的管理是不能与商品经济的要求相适应的。同样，学校德育的管理，既要做好学校内部的计划、组织管理工作，更要考虑校外各种因素对德育的影响；既要研究学校这个小气候，又要与社会大气候联系起来，利用社会的一切有利条件来促进学校的德育。那种按既定的德育标准把学生局限在课堂上进行正确的思想教育，限制他们接触、了解各种相异的思想、道德和文化，力图把他们控制在净化的学校环境中去塑造他们的灵魂的封闭型的管理方式，是与现代管理的要求不相适应的。

开放型的德育管理，其着眼点、立足点，以及在内容、途径、方式上与过去的封闭型管理都是不一样的。

首先，开放型管理的着眼点在于培养能适应未来需要的人才。它要求学校德育不要只考虑眼前的情况和需要，而是要从长远着想，从未来着想，为青少年能够迎接未来的挑战而不断提高他们的素质，完善他们的个性，发挥他们的潜能。所谓为未来着想，主要是两个方面：一是要坚定社会主义和共产主义的远大理想；二是为适应未来社会要求，必须充分发挥每一个人的潜能。因此，学校德育既要有社会本位思想，又要确立充分兼顾与承认人的主体发展需要的思想，要把坚持社会主义和共产主义理想与坚持在现阶段要大力发展商品经济统一起来，把坚持社会主义要求与发展个性、发展人的潜能结合起来。

其次，开放型管理观念立足于解决学生思想中的现实矛盾，它要求德育面向社会主义"四个现代化"建设，为此必须引导学生了解国情。现在，我国的改革开放使社会各阶层在心理上产生各种反差撞击，有时也会引起比较尖锐的矛盾。商品经济发展带来的价值观念变化，分配的多形式，用人制度、"铁饭碗"、"大锅饭"的打破，外来文化意识的影响等都会引起人们产生各种矛盾心理。这些产生在社会上的各种思潮、矛盾，不可避免地会对学生的思想产生严重的影响。德育管理要敢于面对这些现实思想矛盾，开展对学生进行国情教育，组织学生进行社会调查，参加社会实践，让学生接触各种社会现实，懂得我国11亿人口，8亿多在农村，生产力还相当落后，商品经济也不发达；懂得我国仍处在社会主义初级阶段，发展生产力是我们的中心任务，发展社会主义商品经济是社会主义经济发展不可逾越的阶段，是实现生产社会化、现代化必不可少的条件。另一方面又要使学生了解，我们是在社会主义制度下建设"四个现代化"，一定要坚持四项基本原则。只能在这个前提下进行改革开放，发展社会主义商品经济。因此，必须引导学生在价值观方面以辩证唯物主义的观点和态度，看待社会生活中的诸多矛盾。只有把坚持社会主义和大力发展商品经济的现实结合起来，才能实现理想与现实的统一。

最后，开放型的德育管理思想，要求学校德育敢于面向整个世界，使学生既了解中国，又了解世界。引导学生了解和学习、吸收现代科学技术的知识成就，通过各种途径和方式，有计划、有组织地让他们了解世界上各种文化思潮，提高学生的辨别能力，使学生的思想能适应中华民族与当代世界先进民族文化沟通的需要。那种企图用限制的方法不让学生接触西方文化思想是不可能的也是不明智的。因为我们无论从继承和发扬我们民族文化优良传统上看，还是从实现共产主义的崇高理想上看，都要求我们兼容人类有普遍价值的思想、文化，反对狭隘的民族主义。对待别的民族的一切优秀文化，我们应该取其精华，以丰富和发展我们的文化。当然，我们的德育管理在面向世界时，必须全面贯彻排污不排外的原则，对一切腐朽的资产阶级思想文化和生活方式要坚决抵制。

3. 效能观念

德育管理的效能观念，要求学校德育管理者要努力提高德育的效果和效能，防止德育工作中出现盲目性和形式主义，按照科学的德育过程、规律，组织好德育工作。

提高效能是一切管理活动的出发点和归宿。在管理活动中，管理者要考虑的问题很多，但是最重要的问题应该是效能。管理者不管采用任何方法，进行任何职能活动，处理任何事情时都必须从有效性出发，效能是衡量管理活动的综合尺度，它反映管理工作的实际后果，衡量管理者的水平和能力，反映出整个组织管理的实际贡献。

学校德育管理要十分重视效能。提高德育工作的效能就是指坚持德育的方向原则和提高德育的效率，达到最优的德育效果。

王逢贤教授认为，德育的效果有以下三种类型。

（1）正效果型：即教育者提出的教育要求，发出的教育信息，被教育对象接受，变成他们的思想品德，并在行动中表现出来，有时甚至还会出现超出教育者要求的优良思想品德，这可称为正效果型。

（2）零效果型：即教育者提出的要求，发出的教育信息，基本上未被教育对象接受，或被他们原有的思想筛掉。这种教育后的依然故我现象，说明教育者所进行的教育是一种无效劳动，其效果等于零。

（3）负效果型：即教育者提出的教育要求，发出的教育信息，不仅未被教育对象接受，反而引起他们的厌烦、不满和对立情绪，产生了与教育者的要求相背离的思想和行动。这就是有些教育者所说的"越教越坏"、事与愿违的现象。这种与德育预期目标相反的效果即"负效果"。

德育管理者树立效能观念，表现在对德育效果的高度重视，经常研究分析导致各种效果的原因，引导德育工作者提高责任心，努力探索搞好德育的途径，讲究德育工作的实效。

现在学校德育效果的三种类型同时存在。为此，我们必须努力杜绝负效果，把零效果减少到最小，争取最大的正效果。这就必须认真分析研究影响德育效能的各种因素。

一是领导管理体制。即德育管理体系的相互关系的综合体。包括各种德育管理组织的纵向系统及隶属关系，横向系统及非隶属关系，它们都是有机联系的。具体来说，学校德育的管理体制，从纵向说，应该建立由校长全面负责的德育管理体系，建立与此相适应的组织机构，以便加强对德育的统一计划、指挥和协调。因为组织机构是领导者进行活动的框架，这个架子搭得合理与否，关系到领导管理工作的各个方面。组织机构的确立,要做到直接、简便、层次少、信息快,以便管理者在其职务覆盖面中进行有效和高效的职能活动。从横向说,应该建立学校、社会、家庭三结合的德育管理体制,建立校内各种德育途径的合力网络。这些都是提高德育效能的必要条件。

二是德育管理者的水平和能力。首先是德育管理者的决策能力。决策有效程度表现为通过实施所证明的决策发挥良好作用的程度,其中主要的是德育管理目标的实现程度。作为德育管理者,首先要有正确制定和实施德育管理目标的决策能力。其次是要知人善任,选拔和培养那些对德育工作认识较好,懂得德育规律、责任心强、思想品德堪为学生师表的教师作为德育工作的骨干力量。

三是德育管理的效率。主要是提高投资的效益,用较少的代价取得较多的成果。代价即耗费,包括人力、物力、财力和时间。德育效率大致包括下列一些因素:教育者运用德育规律和方法的熟练程度;德育科研成果及其在德育实践中推广应用的程度;德育因素的广泛性及可控程度;教育者"身教"的二重性效应;受教育者的自我教育水平及其发挥程度;社会、家庭和学校的配合程度等。这些因素存在着不同方向、不同水平、不同强度和不同可控度。德育管理者必须正确处理上述各种因素的关系,采取一系列措施,充分发挥它们在获取德育成果的作用。

四是德育管理的整体贡献效能。即整个领导管理机构、各种教育内容、教育途径和方法的综合效能。首先要把德育管理的各种机构组织协调好。因为德育管理者是通过率领、组织各种机构的个体成员去完成工作任务的,因此,必须使他们明确各自的职权和责任。其次要处理好德育工作与学校其他各项工作的关系,使各项工作都围绕全面提高学生的素质这个中心而开展。特别是要处理好德育与智育的关系,使德育与智育紧密结合,互相渗透。班主任要与科任教师加强联系,互通情报,通力合作,管教管导,教书育人。今天,许多学校已建立了年级组的管理体制,把学生的德育与学习、生活统一管起来,这就从体制上解决了德育与智育相互割裂成"两张皮"的问题。此外,还要加强对各种德育活动的领导管理,把德育寓于各种生动活泼的活动之中,通过各种有利于拓宽学生的智力视野、激发学生努力学习的热情、发展学生的兴趣和爱好、培养学生高尚的情操的活动,来达到德育与智育紧密结合的目的,如主题班会、主题团队会、参观访问、社会调查、公益劳动、文艺活动等都是好形式。值得重视的是,无论进行任何形式的德育活动,都必须有明确的目的和严密的计划,否则会流于形式;每次活动必须有充分的准备,并且把准备过程也作为学生受教育的过程,这样才能增强活动效果。

4. 全员管理观念

德育工作的进行要依靠学校内的全体师生员工在各自的岗位上发挥积极性，形成人人重视德育、参与德育工作的局面，才会有好的效果。同样，在德育管理方面除了有学校德育管理者的积极性之外，也必须依靠全校师生员工，发挥他们参与德育管理工作的积极性，一同肩负起学校德育管理的责任。

学校的领导者对德育管理负有主要责任。但是现代管理理论认为，管理者与被管理者是一个相对的概念，他们的地位在不同的层次中是可以变化的。比如教师在学校中，相对于校长来说，他是被管理者，但相对于学生来说，他又是一个实实在在的管理者。学校的教导主任、团专职干部、少先队辅导员、级主任、班主任、思想政治课和思想品德课的任课教师，他们肩负着直接对学生进行德育的任务，他们既是学校领导进行德育管理的有力助手，也是本系统、本组织的管理者。广大科任教师也是德育的工作者和管理者，正如毛泽东所说，思想政治工作，"学校的校长、教师更应该管"。这里的"更应该管"就是指要对学生的思想教育负起教育者和管理者的责任。他们通过教学活动和参与各种思想教育活动，对学生进行德育和德育管理，完成教书育人的任务。他们是学校对学生进行德育管理的依靠力量。事实证明，学校领导者是否重视和依靠广大教师的这种地位和作用，与德育的成效大小有直接关系。凡是善于依靠广大教师对学生进行德育和德育管理的学校，其德育效果就显著提高；忽视这种力量的学校，其德育工作就冷冷清清，缺乏合力，收不到好效果，至于学校的一般行政人员和后勤部门的职工，他们通过各自承担的工作，同学生发生各种联系，并执行有关学生思想工作管理措施和规章制度，对学生的思想品德、行为习惯产生影响。许多教育家都认为，学校的一切工作都有教育性。就学校的总务后勤工作来说，也是一种培养人的工作，他们的工作对全面贯彻教育方针，培养全面发展的新人有重要作用。这是因为，根据教育要求和卫生要求合理组织的总务工作，是有德育意义的；正确组织的生活制度和管理制度有利于培养学生的组织性、纪律性和集体主义精神和良好的学习生活习惯；学校的图书资料管理人员，饭堂、宿舍等生活方面的管理人员，实验室管理人员等，他们不仅要把各自管理的物质管理好，他们还要通过执行有关的规章制度、细则等对学生起到进行德育和德育管理的作用。

在学校德育管理中，学生组织和广大学生的力量和作用也是不容忽视的。他们是接受教育和被管理的客体，但他们同时也是德育和德育管理的一支不容忽视的力量。学校领导者要充分发挥学生在德育过程中的自我教育和自主管理的作用。我国当代教育家、上海育才中学老校长段力佩就提出要"让班级实行学生自治自理"。这一思想当然不是说班主任、教师可以放弃对学生班级的组织、管责任，而是指教师、班主任不要对班级的事包办代替，而是要发挥学生在班级管理中的主动积极性，培养学生自我管理的能力，通过自治自理，达到自我教育的效果。培养自我管理的能力，这本身就是教育工作的目的。苏霍姆林斯基也说过："能够促使人去进行自我教育的教育，才是真正的教育。"还说："学生道德品质形成是经过他们自己道德努力的结果，只有让学生通过自己的积极的道德努力，在实际生活的考验中，一步步地向前迈进，使学生感觉到是依靠自己的努力独立地跨出每一步的，并且意识到自己存在着克服困难的力量，这才可能扎实地在学生身上形成道德品质，教师们则是在学生自己形成道德品质的努力过程中，进行深入细致、耐心和机智的教育工作，促使学生自我努力的成功。"可见，在德育中善于发挥学生的积极性，通过其自身努力的过程，也是一种自我教育、自我管理的过程。许多优秀班主任通过学生的自我教育、自主管理，取得了德育工作的良好效果的事实说明，学生参与德育管理是十分必要的也是完全可能的。

全员管理观念，除要求学校领导者本身牢固树立"依靠全员进行德育，依靠全员管理德育"的思想外，还必须使全体教职员工懂得，学生的思想觉悟、道德品质的培养和提高，德育工作的进行和管理，不只是学校领导、团队组织、班主任的事，也是全体教职员工的事，明确"教育管理学生，人人有责"。学校要作统一安排，使各个部门、各种人员和组织，有分工有合作，密切配合，协同努力，建立全员管理的德育管理系统。

（摘自江月孙：《现代学校德育管理》，广东教育出版社，1990年）

影响班级管理效能的因素

班级管理效能，就是班级管理者在一定环境作用下用有关情境引导学生达成班级教育管理目标的能力和效果。而影响班级管理效能的因素是多方面的。

一、校外社会环境

（一）国家的方针政策、法规对班级管理的影响

依据社会的政治、经济制度所制定出来的方针政策和法规对班级管理起着决定性的作用。国家和政府往往通过制定教育方针政策和各种法规，以控制教育和学校工作，而这些方针政策和法规通过学校对班级工作产生直接影响。如国家规定的教育方针、培养目标，是制定班级教育目标和管理目标的重要依据，教育行政部门多种工作条例、学生守则和日常行为规范、各种规章制度影响班级管理的方向、内容、方法和要求。

（二）各时期的教育理论、教育观念、社会思潮和社会信息对班级管理的影响

班级管理都是在一定的教育思想和教育观念影响下进行的。班级管理者接受了不同的教育思想和观念就会有不同的班级管理的类

型和方式。班级管理者如果树立了要把学生培养成全面发展的人的思想，就会重视引导班级学生全面发展，否则就会热衷于片面追求升学率，认为班级管理的主要任务就是把班级智育搞上去，而忽视班级德育和体育等的管理。

社会思潮和社会信息对班级管理也有很大的影响。如果社会上有浓厚的尊重知识、尊重人才、尊师重教的风气，就有利于调动班级教师和学生的积极性，从而建立起良好班风。相反，当"读书无用"的社会思潮泛滥时，对校内班级管理就会带来许多困难。当今社会信息量大、面广、传播快速而且形式多样，很容易为师生接受。其积极方面有利于班级建设，而其消极方面则会给班级管理带来混乱和困难。

（三）社区对班级管理的影响

社区是社会区域共同体的简称，指占有一定地域的人口群体，并在一定的社会关系中从事经济、政治和科技文化活动而组成的相对独立的地域社会。社区的生产发展水平、文化背景等都对学校和班级有不同程度的影响。如果社区的两个文明建设搞得好，则为班级管理带来许多有利因素，社区内的村规民约、文化设施，使学生在校外有一个良好的生活、教育环境，也有可能为校内班级管理提供一定的资助和物质条件。

（四）学生家庭对班级管理的影响

学生家庭对班级管理有着巨大的影响。家庭教育、家庭文化对学生的发展影响是深刻的。家庭对班级的影响主要是两方面：一是通过影响学生来实现。学生的品德、智能、学风等与家庭的影响，关系甚大。如果学生受到家庭的良好教育，就有利于班级的管理和建设，如果学生在家庭所受的教育影响与学校班级的教育不一致甚至相抵触，就会影响班级的教育管理。二是通过家长委员会或家长本人，对班级的教育、教学和管理提供意见参与班级管理来实现。

二、学校内部环境

（一）校长对学校和班级的领导管理水平对班级管理的影响

过去有人只看到班级管理的效能与班级教师的关系，而忽视了校长对班级管理效能的关键性影响。有人指出："最优秀的教师在无能的校长领导下也将不能发挥应有的效能，而致一事无成。"校长对班级管理效能的影响，从如下几个方面表现出来。

1. 学校的教育目标、管理目标是否正确和明确

如果校长能在每个时期提出学校的正确而明确的目标，各项工作有计划、有

要求，对班级管理能提出切合实际的目标要求，并对班级工作进行检查和评估就会使班级管理不会偏离正确的目标方向，并能极大地促进班级工作，提高班级管理效能。如果校长不重视目标的制定，或虽有目标但不正确，就会影响班级管理的效能。

2. 校长对班级管理工作是否善于组织和协调

这里一是指校长要善于选聘班主任。一般来说，校长都是挑选较优秀的教师担任班主任的，但是每个班主任教师各有个性特点。有的教师适宜担任高年级的班主任，有的适宜担任低（中）年级的班主任。二是校长要善于确定班主任和班级任课教师在班级管理方面的权责。三是校长要随时注意协调好班级之间和班级与校内各部门之间的关系，使班级管理能顺利进行。

3. 校长是否能给班级管理工作以必要的支持与激励

这里一是指要对班级工作给予支持，包括提供班级管理所需的物质设施、工具材料和经费；二是指要从思想上激励班级管理者，提高他们的价值观念和对搞好班级管理意义的认识；三是指要对班主任工作给予指导帮助，并帮助其解决实际困难，要计算班级管理工作量并在经济上给予适当的报酬。

4. 对班级管理工作的领导是否运用了合适的领导管理方式

一般的都把校长领导管理的方式分为专断的、民主的和放任的三种。校长对班级工作的管理应避免专断、独裁、命令和放任不管的方式，而是要用民主的方式。学校关于班级管理的重大决策和措施的确定要听取广大班主任和学生代表的意见，要吸收班主任参与决策，以便收到调动积极性和集思广益的效果。

（二）学校的文化氛围对班级管理的影响

1. 学校的载物文化

学校的载物文化包括校舍设施、校园环境、图书资料和各种器材设备、环境的物理特性等。学校有必要的校舍设施，每班有教室，有足够的符合要求的桌凳等，都是班级管理的物质基础；有足够的活动场地、器材设备和图书资料，是班级开展各项活动的重要条件。环境的物理特性影响班级管理表现在教室的照明影响学生的生理及注意力；学生在闷热的教室中上课容易引起学生不安、无精打采和分散注意力，教室附近的噪音则易使学生烦躁并分散注意力。

2. 学校精神和制度文化

主要是学校的校风和各种规章制度。校风是班级的班风的大环境，是班风的温床，校风影响班风。当然，班风也会反过来影响校风，二者是互相促进的。在一个校风好的学校里一般来说有可能建立好的班风，在一个校风不好的学校里当然也会有可能有个别班风好的班级。学校的规章制度健全合理，对搞好班级管理也有重要作用。

三、班级特性

(一) 班级结构对班级管理的影响

1. 班级规模影响班级管理

美国学者沃尔伯格(H. J. Wolberg)(1969)研究了班级规模和学习的社会环境之间的关系,发现班级规模愈大时,会产生以下的效应:(1)秩序愈难维持,教师倾向采用强制手段,缺乏亲切感;(2)学生互相沟通机会愈少,班内出现离散现象。

秩序差,教师缺乏亲切感;同学间缺少沟通而易产生分裂,学生缺乏归属感而难以取得对班级目标的认同。这些显然不利于班级的管理。

为了改善班级管理,提高教学效率,许多国家都采取措施控制班级人数。日本、新加坡及欧美国家平均班级人数都在40人以下。我国台湾省拟在五年内实施中小学每班30人制。

2. 班内学生年龄和能力差异对班级管理的影响

班级教学制本身就要求把年龄相同,知识、能力相近的学生编成班级,这才有利于教学和管理。否则,就会造成班级管理的困难。但是,如果把能力高、表现好的学生编为一班,而把能力低、表现差的编为另一班,也是不利于班级管理的。根据美国学者贝克曼(T. M. Becherman)和古德(T. L. Good)(1981)研究认为:"若班内高能力的学生超过三分之一,而低能力的学生少于三分之一,则此班可定义为有利班级;而不利班级则有超过三分之一低能力的学生,及少过三分之一高能力的学生。"

他们实验证明,高能力及低能力的学生在"有利班级"中,均能取得较好的教学成绩。

我国的实践也证明,把"双差生"编在一个班级,或者一个班级的优秀生太少都不利于班级管理。

3. 班级学生的团体特性影响班级管理

首先是班级学生的思想觉悟水平影响班级管理。虽然学生的思想觉悟水平是教育管理的结果,但在一定条件下已形成的相对稳定的学生觉悟水平,却直接影响班级的管理工作。我国有的学者认为:学生的觉悟水平影响着学生对学校培养人才标准的理解和接受程度;学生的知识价值观,影响学生对班级各项教育内容的学习态度和努力程度;学生的道德价值标准,影响着学生品德上的进步要求与动力;这一切都影响学生对班级育人管理工作的态度和行为反应。所以提高班级学生的思想觉悟既是班级管理的重要任务，也是开展班级管理工作的重要保证。

其次是班级团体的规范影响班级管理。规范就是符合团体要求的个人必须遵循的行为准则。美国社会心理学家蒂博特（J. W. Thibaut）和凯利（H. H. Kelley）（1959）指出规范可代替非正规或短期的影响力。例如班内有良好的秩序规范，教师便不需依靠其权威，压制学生的混乱行为，故不会引起不满的反后果。又因学生遵守规范、努力求学，教师不需监督学生，能够专心教学，所以师生之效能必然提高。

最后是班级气氛影响班级管理。一是组织气氛。它是内部特性的集合。它主要包含了组织成员的共同价值观、社会信念和社会标准等项要素。组织气氛影响成员之行为模式。香港的郑燕祥先生认为："班级气氛基本有组织气氛的特点，是由学生和老师长时间共处，相互作用形成的结果。班级气氛影响每个学生的学习行为，自然影响其效能。"二是心理气氛。班级心理气氛，即班级内部师生之间与同学之间在交往中形成的比较稳定的人际关系及与之相应的心理环境。班级内部有了良好的人际关系和心理环境，就会增强班级内部的团结合作，提高班级的内聚力，增强班级成员的士气。这样，班级的教育和管理活动就容易开展并能取得较好的成效。

四、班级管理者的素质

（一）班级管理者的素质与管理效能的关系

班级管理者的素质，是指班级管理者履行职责、发挥班级管理功能作用的稳定因素，也是班级管理者必须具备的思想、道德、知识、行为和能力等方面的基本条件。

班级管理者能否有效地履行职责，充分发挥班级管理的功能作用，主要取决于自身的素质。一般情况下班级管理者的素质越全面，水平越高，其管理效能就越好。反之，则管理效能就越不好。这是因为管理效能取决于管理工作的目标方向和工作效率。素质高的管理者其目标方向就有可能更正确而切合实际，其工作能力强，效率就高。大量的事实也说明了这一道理。我国优秀的班级管理者之所以能取得成功，就是因为他们具有高水平的素质修养。

（二）班级管理者的素质特色

我国的心理学工作者刘吉和黄培松于1986年对全国120名优秀教师、模范班主任的素质特点进行了调查分析。结果见表1：

表1　120名优秀教师、模范班主任的素质分类表

序号	素质分类	人数/人	百分比/%
1	忠诚党的教育事业	120	100
2	对学生有深厚的感情	120	100
3	熟悉担任学科教材和运用教材的能力	120	100
4	有强烈的责任感	116	97.2
5	有克服困难的坚强意志	115	96.6
6	师生关系好，有威信	111	93.6
7	因材施教的能力	104	90.5
8	组织能力	101	87.1
9	教育后进生与改造乱班的能力	96	83.7
10	进行思想政治教育的能力	96	83.7
11	善于了解学生个性的观察力	96	83.7

上述120人的素质倾向有很集中的共同点。他们不管是优秀教师或是模范班主任，都是班级管理者。因此上述素质可以看作是班级管理者的素质。

重庆师范学院的李光辉较全面系统地阐述了班主任的素质。择其要者抄录如下：

（1）思想政治素质：①要有坚定正确的政治立场；②要有鲜明正确的思想观点；③要有优良的思想作风。

（2）道德素质：①热爱教育，献身教育的道德追求；②热爱学生，诲人不倦的道德情感；③关心集体，团结的集体主义精神；④严谨治学，勤于进取的高尚智德；⑤严于律己，为人师表的道德形象。

（3）心理素质：①广泛健康的兴趣；②轻松愉快的心境；③积极适度的情绪；④坚强的意志；⑤良好的性格。

（4）知识素质：①要有比较系统的马克思主义基本理论知识；②要有精深扎实的专业知识；③要有广博的相关学科知识。

（5）能力素质：①敏锐的观察力；②多方位立体思维能力；③利用信息进行教育的能力；④比较全面的组织管理能力；⑤多种表达能力；⑥自我调控能力；⑦较强的创造能力。

上述素质既较全面，要求也较高，非经过长期锻炼和修养是很难达到的。

那么，什么是班级管理者最具特色的素质呢？我们认为有如下几个方面。

1. 热爱教育事业，热爱班级里的每一个学生

这是班级管理者的核心素质。班主任工作的成就不仅取决于其教育才能，更重要的还取决于其对教育事业和对学生的热爱。这样，班主任才能全心全意搞好班级管理工作，只有热爱学生才能为培养学生呕心沥血，尽职尽责。要做到这点，班级管理者就要建立起适当的价值观。价值观影响人的爱憎、动机、选择以至行为。有了正确的价值观念，他们就会认为班级教育管理工作有非常重要的价值，能满足思想上、情感上和工作成就上的需要，他们就会在工作中努力不懈，发挥效能。任何班级管理者即使有卓越的才干，若对班级教育管理工作没有正确的认识，就不会有良好的工作表现，就不会取得班级教育管理工作的高效能。国内外的大量研究结果都认为热爱教育、热爱学生是取得班级教育管理效能的最重要因素。

2. 要有良好的性格和行为

这是获取班级管理效能的重要条件。性格是对人、对事的态度和行为方式上所表现出来的心理特点。班级管理者的性格影响其工作的有效或无效。国外有人调查了4.7万名学生的意见，归纳得出有效能教师与无效能教师的特性，如表2所示。

表2中除少数几项外，其余均是指教师性格上的特质。

表2　有效能与无效能教师的特性

有效能教师的特性	无效能教师的特性
1. 合作、民主。	1. 脾气坏，无耐心。
2. 仁慈、体谅。	2. 不公平、偏爱。
3. 忍耐。	3. 不愿帮助学生。
4. 兴趣广泛。	4. 对学生要求不合理。
5. 和蔼可亲。	5. 忧郁，不友善。
6. 公正。	6. 讽刺、挖苦学生。
7. 有幽默感。	7. 外表讨厌。
8. 言行稳定一致。	8. 顽固。
9. 有兴趣研究学生问题。	9. 啰唆不停。
10. 处事有伸缩性。	10. 言行横霸。
11. 了解学生，给予鼓励。	11. 骄矜自负。
12. 精通教学技术	12. 无幽默感

行为，是受思想支配而表现在外面的活动。教师的行为影响教育管理之效能。美国学者瑞恩（K. Ryan）（1960）曾邀请各类教育人士（包括学生）鉴定特定情境下的教师行为成败与否，然后将这些鉴定结果进行分析综合，得出如表3所示的教师行为分辨表。

表3　教师行为分辨表

有效能教师的特性	无效能教师的特性
1. 机敏、热心。	1. 呆滞、烦恼。
2. 关心学生及班级活动。	2. 对学生和班级活动不感兴趣。
3. 愉快、乐观。	3. 不快、悲观。
4. 自我控制，不易烦乱。	4. 易发脾气。
5. 有幽默感。	5. 过分严肃。
6. 认识和改正自己的错误。	6. 不自觉或不改正错误。
7. 公平客观对待学生。	7. 不公平、偏爱。
8. 忍耐。	8. 无忍耐。
9. 与学生工作时表现理解和同感。	9. 对学生冷淡、讥讽。
10. 与学生关系——和善有礼。	10. 与学生关系——远离逃避。
11. 帮助学生解决个人及教育的难题。	11. 不易察觉学生个人的需要与困难。
12. 赞扬努力的，并奖励表现好的。	12. 不赞扬学生，过分挑剔。
13. 恳切认可学生的努力。	13. 怀疑学生的动机。
14. 在社交情境中，考虑别人的反应。	14. 在社交情境中，不考虑别人的反应。
15. 鼓励学生尽其所能。	15. 不鼓励学生尽其所能。
16. 妥善计划及组织课时的步骤。	16. 步骤没有计划和组织。
17. 在教学计划内，课时步骤有弹性。	17. 步骤过分死板，不能脱离计划的限制。
18. 预期别人的需要。	18. 不能照顾个别差异和需要。
19. 教学技术新鲜有趣，有利于刺激学生。	19. 教学技术枯燥呆板没有趣味。
20. 示范和解释清楚实用。	20. 示范和解释不清楚、无引导性。
21. 指示能清楚透彻。	21. 指示不完整、含糊。
22. 鼓励学生自己解决难题及评估成就。	22. 无机会给学生自己解决难题及评估成就。
23. 用平静、威严及正面态度去训导。	23. 长时间敌意的斥责，无意义的处分。
24. 乐于帮助学生。	24. 不愿意帮助学生。
25. 预见及尝试解决潜在的困难。	25. 不能预见和解决潜在的困难。

上述两项研究，不仅探讨教师的性格特征，而且注意教师的教育管理行为，使我们认识到要提高班级管理的效能，班级管理者必须提高自己的性格和行为的修养。

3. 要有新的教育管理观念和方法

我国实行改革开放政策后，班级管理工作面临着许多新的情况和新的特点，要求我们转变教育管理观念和工作方法。

（1）要有全面的教育质量观。要扭转片面追求升学率的思想，使学生在德智体诸方面得到全面发展。要转变把分数作为评价学生的唯一标准，改变把"听话""老实"当作思想品德好的片面看法。班主任应按照"教育要面向现代化，面向世界，面向未来"的要求，以培养"四有"精神的"四化"建设人才为己任，把学生培养成全面发展又具有个性特长和创造精神的人才。

（2）要从"封闭型""管教型"管理，变为"开放型""自主型"管理。我国的改革开放，使学生交游广泛，信息灵通，勤于思考，敢于创新。如果再用管、卡、压的办法，即使苦口婆心也难收到应有的效果。班级管理必须实行"开放型"和"自主型"的管理。

（3）要有新的工作方法和活动方式。由于新的时期学生的思想观点和作风有了很大的变化，班主任要适应学生特点改变教育方法，要通过丰富多彩的活动，引导学生从比较中分清是非美丑，使学生形成求真、求实、求美、求进取等具有时代性的思维模式。对他们提出的问题，只能实事求是地民主讨论，加以疏导而不能强制与压服。同时要充分利用课内外、校内外的有利条件，通过多种渠道采取多种形式的活动来开展班级的教育管理工作。

我们分析和研究影响班级管理的诸因素，是为了更好地掌握班级管理的特点和规律，从而自觉地利用和创造各种有利因素，抑制和排除不利因素，把班级管理工作搞好。

（摘自江月孙、王新如：《班级管理学》，新世纪出版社，1995年）

班级学生行为规律及行为管理研究

20世纪40年代末至50年代初，在西方形成了一种新的管理理论，称为行为科学理论。它是应用心理学、社会学、人类学及其他学科的知识研究人的行为规律的科学。其主要任务是解释、激发、预测和引导人的行为，以利于达成组织预期目标，同时使个人获得成长与发展。

班级管理中，经常遇到大量的学生行为管理的问题，班级管理者必须研究和掌握班级学生行为产生的原因和如何引导学生行为的科学知识，了解学生行为规律，使对班级学生行为管理收到理想的效果。

行为科学认为，人的行为受动机支配，而动机则是需要引起。人的行为一般经过需要—动机—行为三个阶段。这就是行为活动的规律性，也是学生行为产生的基本规律，不过，由于中小学生的年龄特点的关系，他们的需要、动机、行为也有其自身的特点。

（一）需要

1. 中小学生的需要特点

马斯洛的需要层次理论认为，人们的需要可以分为五个层次，即生理需要、安全需要、社交需要、尊重需要、自我实现的需要。

这些需要同样也是中小学生的需要。但是，中小学生的需要有其年龄特征。我国学者认为中小学生的需要的特征表现在如下几个方面。

（1）关心和爱的需要的优先性。研究者对初中学生几种需要调查结果见表1：

表1　初中生几种需要的人数与百分比

班级	人数/人	他人关心和爱		自尊和他人尊重		求知和学习成就		自主和独立	
		人数/人	百分比/%	人数/人	百分比/%	人数/人	百分比/%	人数/人	百分比/%
初一	45	35	77.7	27	60	21	46.4	1	2
初三	50	33	66	30	60	27	54	9	20
合计	95	63	71.5	57	60	48	50.5	10	10.5

可见，中小学生希望得到别人的关心和爱护的愿望是如此的重要。儿童从小就是在母性抚爱下成长的，得到了爱就是得到了温暖，就会产生一种激励和力量。如果爱的需要得不到满足，儿童的发展就不正常，许多良好的行为就不易培养，许多不良行为也会由此产生。严重者甚至可能失去生活的意愿。家长、教师要教育学生有良好的行为习惯，首先都必须从关心爱护儿童出发。许多具有不良行为者的转变，都是与受到了爱的感染分不开的。

（2）归属需要的特殊意义。研究者对初中生对教师的要求进行调查统计，结果见表2：

表2　初中学生对教师要求的人数与百分比

班级	人数/人	学生要求					
		对学生态度方面		教学环境方面		教师学识	
		人数/人	百分比/%	人数/人	百分比/%	人数/人	百分比/%
初一	45	41	91.1	23	51.5	8	17.7
初三	50	47	94	24	48	11	22
合计	95	88	92.6	47	49.4	19	20

可见，学生对教师的态度反应是非常强烈的。因为，教师对其态度与他有强烈的归属需要关系极大。学生的归属感是学生在参与社会交往过程中产生的。学生在与教师、同学交往中，希望得到教师、同学的支持、信任和友谊，希望成为群体和班集体中的一个成员。归属的感受是指学生在班级中感受到教师与同学的接纳或欢迎，而非拒绝或排斥。假如他感到真正属于并且能够以一个集体的成员

而起作用，他就显得自信并有力量。这种归属感非常敏感，他一旦发现由于班主任教师、同学态度等原因而使他有被班集体抛弃之嫌，那他在很长时间内将很难恢复他与集体原初的那种亲密关系，并且由此可能导致他到外界去寻找满足他归属需要的人。

（3）认识需要的强烈性。认识需要即求知的愿望。一般中小学生都有寻求知识获得关于周围世界、关于世界外部现象和规律的所有新知识的愿望。所以他们能通过各种途径去获取新知识。苏霍姆林斯基认为，没有也不可能有这样的儿童，他们似乎从一开始就不愿学习。事实上是，他们成为学生之后，在教师的启发教育下，其学习欲望得到了进一步的启发，其认识需要更为强烈了。作为班主任和任课教师要通过多种途径满足学生的这种需要。苏霍姆林斯基还强调，不能满足学生的认识需要会降低甚至使学生失去这种需要。所以，班主任和任课教师应十分珍惜学生的求知欲、渴望知识的火花及其钻研精神。

（4）声誉需要的关切性。声誉需要是自尊需要和成就需要相结合产生的一种较高层次的精神需要。它主要表现为：喜欢发表意见，希望受到别人的尊重，包括学业的成就和赞许的获得。

中小学生受到赞扬就会产生一种自信、自立、自重、自爱的思想感情。国外的一项调查认为，有关声誉的需要，三年级占21%，四年级占23.3%，五年级占44%，六年级占60%，七年级占62.4%，八年级占77.3%。这说明，随着年龄的增长，这种声誉需要有逐年增长的趋势。

2. 对中小学生需要的分析和引导

学生的需要是多方面的。需要也有"二重性"，即在学生的需要中既有合理的需要，也可能有不合理的需要。不合理的需要，包括不切实际的需要和个人主义需要，对这些不合理的需要，应该给予说明教育或批评教育，否则会增长学生的不良思想和行为。而对于那些合理的需要，有的是当前可以满足的，而解决的办法，有些靠老师，有些靠同学、靠班集体帮助解决，如安全、归属、关心爱护、尊重等。而认知、声望、成就等主要靠学生的自觉努力。至于一些当前不能满足的需要，教育管理者就要做耐心细致的教育工作，积极创造条件使其有盼头。

我国的教育工作者在研究和引导学生需要方面，取得了不少成果和经验。主要体现在以下几个方面。

（1）在调整学生生理需要方面。许多新生班的班主任，注意到学生对新的生活学习环境有一个适应过程，班主任要采取措施引导学生对新的生活学习环境、生理活动方式作出相应的调整，尽快安定学生的情绪，以免引起体内生理机制失调。主要是帮助学生在衣、食、住、行等方面，在时间上如何安排作出符合学校要求的调整，形成一套新的生活心理活动模式，如向学生介绍学校和班级设施、生活纪律要求，传统习惯特点，以及帮助学生解决生活上的困难等等。如果不注意或没有做好这方面的引导和调整，就有可能损害学生身体健康，或造成学习生活行为偏离社会和学校的规范要求。

（2）在满足学生安全需要方面。学生安全需要主要包括人身安全、心理安全和财物安全等方面。如学校和班级设施不会有损害学生身体安全的危险，人身不受侵犯、学习上的心理压力不会过大，私人财物不会丢失等等。为此，班主任要协同学校一起加强安全教育，做好各种安全保卫工作，建立维护安全的各种规章制度等等。

（3）在满足学生尊重需要方面。尊重需要包括学生的自尊自爱和同学、师生之间的互相尊重。要引导启发学生的自尊心，要学生懂得要获得别人的尊重和自己受到礼遇，首先自己必须自尊自爱，班内同学必须和睦相处，才能使人人得到尊重的需要。此外，有的班主任在班级教育管理中，作风民主，注意倾听和尊重同学们的意见，对学生的品德学习成绩给以肯定性的赞赏和评价，给班内每一个成员参与班级各项管理工作的机会等等，这些都是有益的探索。

（4）在满足学生的成就需要方面。学生的成就需要，主要是希望完成与自己能力相称的学习任务与工作任务，使自己的潜在能力得到充分的发挥，取得所期望的成就，如班主任和任课教师指导学生订立德、智、体、美等方面学习要求和指标，并帮助其实现目标；指导帮助为班级服务的同学完成各项工作任务；使具有各种特殊兴趣和才能的学生有表现自己能力的机会，帮助他们有所发展和提高等。总之，要制造一切条件让班级所有学生能发挥自己的聪明才智，争取自己有较好的发展和提高，为班级或学校作出自己的贡献，帮助学生实现取得自己认为最有价值的成就。

（二）动机

动机是某种需求未被满足的心理状态，也是引起行为，维持该行为，并把此行为导向某一目标的过程。因此，可以说，动机是产生行为的原因，是直接推动一个人进行活动的动力，它是在需要的基础上产生的。比如，学生努力学习是由于感到知识不足，为了满足求知欲望而产生的行为。人的需要一旦转化为动机，就成为推动个体活动的强大力量，所以研究动机是行为管理中最重要的环节。故此，班主任在班级管理中，研究学生的行为动机也是十分必要的。

1. 中小学生行为动机发展的特点

学生的行为动机，与其他心理状态一样，也有一个发展的过程。赵学华、徐凤云认为，中小学生行为动机发展的特点包括以下几个方面。

（1）主导动机逐步明确。动机有主导动机与辅助动机之别。同样内容、同样方法的教育管理在不同学生身上或同一学生身上的不同时期可能产生不同的效果。这是由于不同学生或同一学生不同时期有不同的主导动机之故。但主导动机与辅助动机是不断变化的，而且两者之间可能互相转化。中小学生行为动机的发展趋势是从比较短近的、狭隘动机向比较自觉的远大的动机发展，从错误的动机向正确的动机发展，且后者逐渐地成为主导动机，并为主体所意识。班级管理者要把培养和激发良好的主导行为动机作为自己的重要任务。

（2）动机的多变性与稳定性交织在一起。比如小学生的学习动机，有时是为了讨取父母的欢心，有时是满足自己对某一活动的表现要求，有时也是为了取得好分数得到别人的赞扬。又比如学生做好事帮助同学，认识到这是一个好学生应该做的，争取做一个好学生是他的较为稳定的动机，但有时他做好事又可能是为了完成成人的要求，或为了获得表扬的机会。所以其动机是稳定性与多变性交织在一起的。随着年龄的增长，动机的稳定性将逐步发展，多变性将逐步减少。班级管理者的教育措施，要引导学生稳定正确的动机。

（3）动机的现实性与社会性处于发展之中。我国学者林崇德的研究认为，一般来说，小学生由于还没有形成明确的价值观动机。到了中学才逐步懂得什么对自己最为重要，随着自我意识的发展到初步形成价值观动机，但其现实性与社会性仍处于发展变化之中。他对中学生的学习动机就其现实性方面和社会性方面得出的结果可以说明其发展变化情况（见表3）。

表3　各年级学生学习动机类型比较①

类型	年级		
	初一 （2 958人）	初三 （2 958人）	高二 （2 958人）
一、学习动机不太明确	12.8%	15.3%	16.2%
二、学习是为了履行社会义务	20.2%	16.6%	16.0%
三、学习为了个人前途	21.5%	25.3%	23.3%
四、学习为了国家与集体利益	45.5%	42.8%	44.5%

2. 学生行为动机的分析与引导

（1）分析学生行为的主导动机和辅助动机及其复杂的关系。中小学生的行

---

① 赵学华，徐凤云.学校班级成功教育管理方法［M］.北京：学苑出版社，1991：25.

为动机有主导动机与辅助动机之别。一般来说，主导动机是自觉性较强、较稳定的动机，而辅助动机则是较随意的、偶然的、环境性的动机。学生的行为，有时很可能受主导动机和辅助动机所驱使，因此就形成了主导动机与辅助动机之间的复杂关系。学生的行为与动机的复杂关系主要表现如下。

①同一动机，可以引发各种不同行为现象。例如，同样想取得好的考试成绩的动机，可出现各种不同行为：认真学习，全面掌握知识；猜题，押题，侥幸心理；夹带舞弊，蒙混过关；等等。

②同一行为可以出自不同的动机。如学生的学习行为就存在不同的动机：有的是为了应付家长和老师；有的是为了将来找到一份理想的工作；有的是为了报效国家；有的是为一纸文凭。

③正确的动机，也可以产生错误的行为，如学生中的干部，为维持班上的良好纪律，而采取简单粗暴对同学无礼的行为，结果引起更大的矛盾，这就是所谓"好心办坏事"。

④错误的动机有时会被外表假象的行为所掩盖。如有的学生去帮助弱小同学，是为了满足自己某些私欲，等等。

可见，学生的行为表现都出自一定的动机，而其行为表现与内在动机可能是一致的，也可能不一致。因此，班级管理者在分析和对待学生的行为动机时，既不可简单地从行为表现推断学生的动机，也不可绝对地由动机去判断行为的好坏，而是要做具体的分析。而关键的是班主任要善于引导和激发学生的良好动机，使其逐步形成正确的主导动机。

（2）在激发学生的行为动机时，要着重培养学生的内部动机。心理学家认为，动机有内部动机与外部动机的分别。美国学者狄西认为，由内部动机引起的行为无须外部强化也能实现，而外部动机则是指由外部强化物促成的动机。他并且认为在有些情况下，对一个由内部动机引起的行为，给予奖励，有可能会减弱内部动机。因为，如果学生对某项活动很感兴趣，却又受到外部奖励时，就很可能把本来认为内部动机引起的活动看作是外部动机引起的活动。大量的研究证明，对于一个能引起内部动机的活动给予物质奖励反而会降低内部动机，达不到激励的目的。至于运用惩罚作为激发学生学习的手法，美国学者莱温认为更会产生不良影响。因为这会引起学习者内心的矛盾，而这种矛盾很不容易消除。如果学生对于学校功课很不喜欢，又逃避不开，已受有一种压力。如果教师再施以惩罚则又增加了另一种压力。在这双重压力夹攻下，学生不免产生纷乱、惶恐或忧郁等情绪。有可能使学生更不喜欢学习或因情绪影响以致学习无效。所以惩罚对学生不仅无益，反而有害。①

上述分析告诉我们：班级管理者或任何一个教师，对学生行为动机的分析，要先分清是内部动机还是外部动机引起，慎重施行奖励、惩罚等外部刺激因素，要立足做到鼓励学生把外部动机转变为内部动机。

（3）处理好动机与效果的关系。学生的动机产生一定的行为，行为会带来一定的效果。可见，动机与效果之间有着一种因果关系，但是不是线性关系。有时学生有着某一良好动机，但他还不懂通过良好的行为方式去进行，因此产生了不妥当的或不完善的行为，也会导致事与愿违的效果。所以，不要轻易地用行为效果来推断学生的动机是否正确。不能说不好的效果都是由不好的动机产生的。比如一个学生在运动场上参加跳高比赛，他自己设想的高度未跳过去而失败了，并不因此就推断其跳高动机是错误的。心理学实验证明，追求高标准，才能取得成功，如果只追求避免遭到失败，那么因此所确定的日常目标是带有消极性的。所以若以失败来否定动机，会挫伤学生追求成功的积极性。当然，也不能完全否认，不好的效果与不好的动机也是相关的。

（三）行为

学生的行为是他们在日常生活中所表现出的一切动作。学生的行为是学生思想品德的表现形式。班级管理者在日常的管理中遇到大量的问题是如何处理学生的行为、引导学生的行为、培养学生的良好行为问题。

1. 对学生行为的分析

（1）影响学生行为的复杂因素。

影响学生的行为因素是复杂的，一般都有多种因素在起作用。具体说来，影响学生行为的因素主要有以下几种。

①自然环境因素：包括温度、照明、色彩、噪音、空气等，都会影响学生的行为。适宜的温度，良好的照明，和谐的色彩，新鲜的空气，舒适安静的环境都是调节学生行为的重要因素。

②社会环境因素：社会制度是否优越，社会风气是否良好，人际关系是否融洽等，都是刺激或抑制行为的因素。

③家庭环境因素：家庭的经济状况，家庭的文化氛围，家庭成员的道德水平和家庭教育的方法等。

④学校的教育因素：学校的办学水平、校风、师生关系，教育者的素质，管理状况等。

---

① 张德琇. 教育心理研究 [M]. 北京：教育科学出版社，1981：58-59.

⑤学生个人的因素：包括学生个人的学习生活经验、能力、道德水平、身心状况和性格特征等。①

总之，影响学生行为可归纳为个人因素和环境因素两大类。

（2）学生品德行为的形式。

根据美国学者佩克与哈维斯研究的结果，提出行为的五种形式如下。

①非道德性行为。指婴幼儿的举动而言。他们还未具有是非善恶观念，还未了解自己的行为对别人的影响，其一举一动则不能按照道德标准判断。其实这种非道德性行为在小学低年级学生中也还有可能出现。

②自我中心型行为。这种人的行为总是以满足自己的欲望出发，只为自己的利益着想。

③依从传统惯例行为。多在早期生活史中形成。比如自幼在家长严格要求下形成行为习惯；在学校、在社会依从集体风尚的行为等。

④良心型行为。良心系用以表示自己内心负疚与否的名称。在学校中，佩克等人发现有的学生在练习或考试方面不行欺骗，便是求得自身的安宁。这种行为比传统惯例型的行为又高了一等，因为他们的道德观念不受外力的影响，而是内心的激发。

⑤理性的利人主义行为。佩克等人在研究中，认为只发现极少数学生有此倾向。在学校中有学生愿意将自己的经验与同学交流，自己的物件与同学共享，自己求进步也帮助能力弱的同学求进步。这种理性的利人主义行为是学校班级教育品德培养的高尚目标。②

当然，佩克等人的研究结果，因为是在资本主义的美国取得的，与我们社会主义中国无论从环境和学生个人情况都有不同的地方，只能作为参考。

我国有的学者对学生的品德行为的表现形式的研究，把学生的行为分为从众行为、利己行为、服从行为和利他行为等。

2. 班级学生行为的引导和处理

（1）班主任对班级学生的行为引导培养要做如下工作。

首先，要有计划、有重点地培养学生的行为。这样对班级学生的行为的教育和培养才能做到心中有数，有具体的目的要求。

其次，要善于用多种方法引导学生的行为，如说理、榜样、改变环境、激励训练。说理是最常用的方法，它有利于向学生说明所要培养或消除的行为意义、

---

① 江月孙. 现代学校德育管理［M］. 广州：广东教育出版社，1990：85.
② 张德琇. 教育心理研究［M］. 北京：教育科学出版社，1981：253-255.

作用和方法；榜样法能引导学生向先进的榜样学习，激起学生丰富的感情与想象，引起模仿的意向；改变学生所处环境，有利于培养学生的正确行为，有利于转变学生的不良行为；激励则可强化学生的正确行为，或减少学生的不良行为；行为训练可使学生掌握良好的行为方式，掌握行为的技能和形成行为习惯。

（2）学生问题行为的处理。

①学生中的问题行为是指其行为异于常态又不是偶然的行为，而且这种行为多属于不健康或过失性的行为。

②必须先查明学生问题行为产生的主客观原因，便于有针对性地采取措施。否则，不会取得预期的效果。

③处理学生的问题行为不能以情绪代替理智。比如学生的语言行动触怒了教师，则认为是严重过失，夸大其行为的严重性而过甚其词的责备。也不能因教师自己心境不佳而借机发泄。

④学生的问题行为也可能由某些合理的需要引起。对于合理的需要则要设法给予满足，而对于不合理的需要则给予说服教育，或以其他适当的方法加以代替。

⑤任何情况下，对学生的过失行为都不能施以体罚。对学生的问题行为加以"讥笑"和"讽刺"都是不行的，这只会增加学生对教师的痛恨；如有必要对学生"责备"和"训斥"，最好不要当众采用。至于对学生的过失行为用额外的劳动、过重的课业作为处分的手法也不可取。

⑥对受过处理的学生，不要歧视和冷淡，仍要一视同仁甚至给予更多的关心，使其增添改正过失的勇气。

（摘自江月孙、王新如：《班级管理学》，新世纪出版社，1995年。标题由编者所加）

德育管理的整体性方法

整体性是系统论的基本思想,整体效应是系统论最重要的观点。整体性方法就是要求在观察事物和处理问题时,从系统整体出发,认为各种事物、现象、过程都是一个由各要素组成的有机整体。虽然整体由部分组成,但不等于部分的机械相加,整体的特性、功能和行为,不等于其组成部分的特性、功能和行为的总和。亚里士多德说:整体大于部分之和。整体方法要求人们不能像传统方法那样把整体作为部分的总和来对待,不能事先把整体人为地分割成若干部分或若干要素,然后再综合起来,用孤立状态下的若干部分的特征、功能和行为总和,作为整体的特征、功能和行为。而是要把整体看作整体,把自己管理的对象看作一个系统,从整体上把握自己的管理对象,了解它所处的环境、具备的条件、发展的方向,明确整体的目标,弄清自己这个整体与周围其他整体乃至整个社会各部分之间的相互联系,以及这种关系可能会对自己这个整体的发展构成的影响等。然后紧紧围绕着实现整体目标开展管理,保证整体目标的实现。

(一) 德育在全面发展的整体目标中的位置

德育是实施全面发展教育整体的内容之一。德育是实施全面发展教育这个整体的要素之一。学校德育管理的目标,必须服从整个教育培养人的目标。德育管理必须要与其他各种教育的管理互相结合、互相渗透，这就是说，一方面要把德育渗透到其他各科教育中去，另一方面其他各科教育的进行又要发掘和体现德育的因素，使德育寓于各科教学之中，寓于各种活动之中，贯穿在各项工作管理之中，体现在各科教育管理人员的言传身教之中。总之，要把德育渗透到学校一切工作之中。加强学校德育的管理，是要通过对学校教育的各种途径的管理来实施的。德育管理离开了其他各科教育的管理孤立地进行是不会取得好效果的。因为，第一，学校的一切活动都含有德育因素，虽然学校德育的专门时间是不多的，但如能把德育全面渗透到学校教育的各种途径和各个领域，则德育的时空领域就大得多了，学生在学校的一切活动都会受到德育的影响和熏陶，效果就大不一样。第二，德育渗透到一切活动，不仅增强了各种活动的教育意义，而且学生在一切活动中不知不觉地受到影响和感染，收到潜移默化的效果，"渗透"的方法学生最容易接受。第三，学校管理德、智、体、美、劳各种教育内容，是互相影响、互相制约的统一体，如果把德育管理与学校教育的各种途径的管理割裂开来、对立起来，就会产生许多难以解决的矛盾。把它统一起来，在人、财、物、时间等方面都能得到较好的解决，从而大大提高学校管理和德育管理的效率。

（二）进行德育和德育管理的总体设计

整体的管理方法，要求对所管理的对象进行总体的分析和总体的设计。学校德育既是全面发展教育内容这个整体的要素，但它本身也是一个实体，有它自己特殊的任务和地位。对德育进行管理要求管理者对本校一定时期的德育目标、内容、途径和方法进行整体设计。包括明确德育思想，加强德育思想的领导和管理；制定德育质量标准以及检查和评价德育效果的指标和方法；德育工作队伍的建设和管理；德育内容的安排；学生集体的自我教育管理；德育管理的主要制度、措施；等等。

进行德育管理的总体设计，在中小学，要把《中学德育大纲》（试行稿）和《小学德育纲要》（试行草案）作为主要依据。国家教委1988年颁布的上述两个文件是中小学德育工作的指导和依据，也是德育管理的指导和依据。国家教育委员会关于颁发《中学德育大纲》（试行稿）等文件的通知指出，大纲"反映了党和国家对中学生的思想政治道德素质的基本要求，它是中学德育工作的依据，也是各级教育部门对学校德育实行科学管理的指南"。这两个大纲对中小学德育的目标、基本内容和基本要求、实施途径、学生品德的评定、实施大纲的领导和管理都提出了明确的意见和要求。依据大纲进行学校德育的总体设计，就能使学校德育工作逐步实现科学化、序列化、制度化，不断提高德育的效果。

（三）正确处理好德育管理中的几个关系

1. 教学管理与德育管理的关系

学校工作要以教学为主，学校管理要抓紧抓好教学工作管理这是对的。但不能把教学管理与德育管理分裂开来、对立起来，学校的德育和教学工作都是为培养全面发展的"四有"人才服务的，它们的目标是一致的，而且德育与教学在内容上也是互相渗透、互相促进的。没有搞好德育，要把智育搞好是很困难的。过去的德育管理，有两种不正常的现象：一是在德育管理和教学管理方面，常常把两者对立起来，各自孤立地进行，形成了"两张皮"的状况；二是认为抓好教学工作管理，教学上去了，升学率上去了，就完成了学校的教育任务，从而使学校德育大为削弱。这些思想和做法都是错误的，是缺乏整体思想指导所产生的结果。正确处理两者的关系，应该是在强调抓好教学工作管理的同时，抓好德育工作的管理，既要反对"政治挂帅"的错误做法，也要反对只抓教学管理而忽视德育管理的做法。

2. 社会的影响与学校德育管理的关系

在德育工作中，有的学校领导和教师认为，经过"文化大革命"，在党风遭到破坏、社会道德水平下降的情况下，又受到商品经济和外来不良影响的冲击，学校德育很难起作用，因而产生了信心不足和"三难三怨"思想，即认为道理难讲、学生难教、德育难管和怨社会、怨家长、怨学生。因此，容易出现马虎应付或放任自流的现象。学校德育管理要面对这一现实，正确认识社会影响与学校德育管理的关系，使大家认识到社会家庭的影响既有积极因素也有消极因素，学校教育的责任就在于充分发挥其主导作用。只要我们以系统思想为指导，协调学校、家庭、社会等各方力量，把社会和家庭教育的积极因素，纳入学校德育管理的范围，是完全可以使学生在思想品德方面健康成长的。在学校教育、家庭、社会影响三者中，一般来说，学校教育是起主导作用的因素。因为学校教育有明确的教育目的；有既体现社会要求，又符合学生年龄特征的系统教育内容；有健全的班级和团队这种完善的组织形式，又具备培养人才的人力、物力等各方面的基本条件。这些都是学校教育的优势。事实证明，绝大多数学生在学校教育下其思想行为是会朝着学校教育所要求的方向发展的。所以学校应充分发挥教育工作的能动性，发挥学校教育的威力，增强搞好德育工作的信心。当然，社会、家庭对学生的影响作用也不能低估。协调好三者关系的工作，应主要由学校来承担。学校德育管理者一方面要搞好校内德育工作的管理，一方面要肩负起对家庭教育、社会教育的组织、宣传、沟通和指导的责任。

3. 教育管理对象与教育管理者的关系

学生是学校教育管理的对象，学校领导和教师是教育管理工作者，德育管理要正确处理这两者的关系。教育管理人员能否正确地处理与教育管理对象的关系，对德育工作的成效起决定作用。因此，教育管理者必须要处理好与学生的关系。要把严格管教学生和尊重学生、信任学生、关怀学生结合起来。教育管理者要对学生充满热爱的感情，对学生的思想品德成长抱有高度的责任心，把学生看作是有个性、有能动力量、有自尊心、有自信心的人。只有在这种认识的前提下，才能对学生的管教采取正确的态度和方法。只有把管理者与被管理者之间的关系建立在真正相互了解、相互尊重和信任的基础上，教育管理才能被愉快地接受。因此，教育管理者提高自己的教育管理水平是非常重要的。教育者要先受教育，只有教育管理者在思想、理论、文化、品德、行为方面都有较高的水平，才堪称学生的表率。同时教育管理者不要把学生看作是被动的接受教育管理的对象，要善于调动和发挥他们在自治自理方面的积极性，使他们在自我教育和管理中培养良好的思想品德。

4. 提高学生道德意识和加强行为管理的关系

从心理学角度看，任何的思想品德都包含有知、情、意、行四种心理成分，只有这四种心理成分都得到相应的发展，某种品德才能形成。所以对学生进行德育就包括对学生的良好道德意识、情感、意志、行为习惯等方面的培养。认识是感情产生的根据，是进行意志锻炼的内在动力，是决定行为倾向的思想基础。因此，帮助学生形成正确的政治道德认识，对形成学生良好的思想品德是非常重要的。德育工作中能否处理好提高学生思想认识与加强行为管理的关系，是学校德育能否取得成效的重要问题。

我们对学生进行德育就是要提高学生正确的道德意识，分清是与非、善与恶、美与丑的观念，养成良好行为习惯。因此，一定要向学生讲清道理，进行马列主义的基本理论观点教育和基本的道德观念教育。那种不重视对学生进行说理教育，不重视提高学生的道德意识的做法，是不利于提高学生的觉悟的。但是，进行任何的说理教育，一定要联系实际，不能空洞说教，要从当前的实际出发，从学生的实际出发，有的放矢地进行教育，这样大道理才能为学生所接受，才能收到预期的效果。当然，提高学生的道德意识是重要的，但是这不是我们的最终目的，我们的最终目的是要使学生的道德观念变为道德行为，成为认识与实践、言与行相一致的人，否则学生就有可能成为"语言上的巨人，行动上的矮子"，讲起来头头是道，而实际表现又是另一个样子，这不能说是德育的成功。因此，我们既要抓提高学生的道德意识，又要反对只讲不做、忽视学生行为管理的做法。要把说理教育与加强行为管理结合起来。不重视行为管理，道德观念就不容易变为道德行为。中小学德育管理应把严格执行学生守则、把贯彻国家教委公布的《中学生日常行为规范》和《小学生日常行为规范》、把执行学校的各项规章制度作为德育管理的重要内容。

（四）加强各种德育途径的有效管理

德育的途径是多种多样的，在中小学德育管理中，加强对德育途径的管理是提高德育效果的重要方面。德育管理者要把实施德育的各种途径看作一个完整的体系，发挥各种德育途径的特点和特殊作用，克服过去途径单一化和各种途径互不联系的现象。认真做好组织协调工作，发挥各自的功能，互相配合、形成合力，共同完成德育目的和任务。

1. 努力提高思想政治课和思想品德课的教学质量

中学的思想政治课是向学生较系统地进行社会主义思想品德和政治教育的一门课程，在德育的各种途径中居于特殊重要地位。学校领导管理者正确地组织和指导思想政治课的教学，不断提高思想政治课的质量是加强德育的一项经常的重要工作。

（1）要充实思想政治课教师队伍，提高教师质量。学校应该选择思想品德好、有较高的政治觉悟、有较系统的马列主义理论知识、善于做人的工作和较强的分析问题、解决问题能力的教师担任思想政治课的教学工作，要按编制配足专职思想政治课教师。有的学校不重视思想政治课教师的选择和配备，把不胜任其他科教学的教师分配教思想政治课，或都由学校领导兼教，没有或很少专职教师，这样势必不能保证思想政治课的教学质量。对一些缺乏系统马列主义理论知识的在职思想政治课教师，应提供给他们学习提高的机会。要主动帮助思政课教师了解党和国家的方针政策，尽可能让他们多读些有关文件和内部资料。要适当组织一些参观访问、社会调查等活动，从掌握理论政策和了解实际两方面提高政治课教师的水平。

（2）指导、帮助思想政治课教师提高课堂教学质量。应指导他们严格按照教学大纲、教科书的要求，有计划、有系统地进行教学。提高政治课教学质量的关键问题是要解决好理论联系实际的问题，要求在讲清基本理论知识的基础上恰当地联系实际，要反对忽视基本理论知识教学和脱离实际两种倾向。教师讲课时要符合学生的接受能力，用准确生动的材料说明观点，避免空洞说教，防止死记硬背。

（3）组织好思想政治课教师参加各种横向联系活动。如加强与团队、班主任和各科教师的联系，从中了解学生的思想表现，使政治课与各科教学、各种组织活动互相配合，收到更大效果。

小学的思想品德课是向学生比较直接地进行思想品德教育的一门重要课程。

它着重提高学生的道德认识和道德判断能力，培养道德情感，以指导他们的行动。它是对小学生进行思想品德教育的基本途径，要加强管理。

第一，组织思想品德课教师认真学习教学大纲和教材，把思想品德课教学与德育大纲的实施密切结合起来，在德育大纲指导下，帮助教师领会思想品德课的内容与要求，要健全思想品德课的备课小组、认真备好课和写好教案。

第二，指导和帮助教师改进教学方法。首先，要认识思想品德课同文化知识课的联系与区别，不要把它同文化课一样看待，既要注意道德知识的教学，更要重视培养学生的道德情感、意志和行为习惯，防止只要求学生死记硬背道德条文的现象，使知与行统一起来；其次，要采用生动活泼的教学方式与方法，克服只是教师注入式的说教方法，要注意学生的主体作用，引导学生独立思考，大胆探索，把思想品德课与班队工作、课外校外活动联系起来；再次，要改进思想品德课的考试方法，用书面检查与行为考核相结合的方法来评定学生的思想品德课的成绩。总之，学校领导要帮助教师用系统论的观点正确把握思想品德课的教学过程，按照学生品德形成过程的规律组织教学过程，按这个过程的系统结构和整体功能来安排和组织思想品德课的教学和课后的导行。做到课内外结合，知、情、意、行统一。

2. 充分认识其他各科教学在德育中的重要作用

各科教学是向学生进行思想品德教育的最经常、最基本的途径，它对培养学生的思想道德素质具有重要作用，通过教学向学生进行思想品德教育是一条重要的德育原则，也是德育管理的重要方法。

首先，学校领导和教师要树立思想品德教育要结合教学工作来进行的思想，重视各科教学的教育作用，要求各科教师都要教书育人，寓德育于各科教学内容和教学过程之中，把德育大纲、德育纲要的贯彻实施看作是各科教师的一项重要任务，在日常教学中注意培养学生正确的学习动机、学习态度、学习习惯和良好的学风与意志品格。

其次，指导教师结合各科特点进行德育。如文科教学要有计划地对学生进行爱国主义和共同理想教育；语文教学要注意通过语言文字的训练及句、段、篇章的教学与思想教育统一起来；史地教学最适于进行爱国主义教育，教育学生学习中华民族的光荣传统和中国共产党的革命传统，激发他们的爱国情感，增强民族自尊心和自豪感；理科教学要注意培养学生实事求是、勇于探索的科学精神，帮助学生学习和树立辩证唯物主义的一些基本观点，培养学生尊重科学、相信科学的精神，用科学的志趣及能力；体艺科的体育教学要培养学生不怕困难、顽强勇敢的精神，集体荣誉感，组织纪律性和合作精神；艺术学科要努力培养学生正确的审美观点。只有教师能自觉地根据各科特点进行德育，他们才不会把在教学中进行德育看成是外加的事情，才能克服只重教知识不重教做人或勉强生硬进行空洞说教的现象。

最后，要完善教学的评价标准，把教师在教学中是否注意结合进行德育作为评价教学质量的内容之一，总结教书育人的优秀教师的经验，及时表扬在教学中进行思想品德教育创造好经验、取得好成绩的教师。

3. 班主任工作在德育中的特殊作用

班级是进行德育的基层单位。德育工作也是以班为基本单位进行的，班主任是班级教育工作的组织者和管理者，班主任工作是进行日常思想品德教育和指导学生健康成长的最重要途径。因此，要管好学校德育工作，必须加强对班主任工作的管理。

（1）在可能的情况下，要选派思想政治觉悟较高、道德修养好、作风正派、工作积极、有一定教学业务水平和组织管理能力、身体较好的教师当班主任。学校在配备班主任时，应该注意全面照顾，合理安排，使每一个年级都有骨干，使老中青合理搭配；班主任应在他任职的班教课，并力求稳定，不轻易调动，以便于他了解学生，总结经验。

（2）要注意班主任的培养和提高。首先，要帮助他们提高对班主任工作意义的认识，树立起光荣感和责任感，使他们热爱班主任工作；其次，要有计划、有目的地组织他们学习教育科学理论、业务知识和优秀班主任的经验，组织他们通过专题研究，进行经验交流。

（3）指导班主任制订工作计划，做好工作总结。每学期开始要求班主任在充分调查研究的基础上制订出工作计划，并定期检查执行情况。除学期计划外，要有每周工作安排表，把每周的工作要点、实施办法明确起来，有计划、有目的地进行工作。学校领导还要指导班主任做好每学期末的工作总结，积累经验，更好地掌握班级工作的规律性。

（4）帮助班主任解决工作上的困难，支持班主任的工作。如要求各任课教师和团队组织积极配合班主任做好学生的教育工作，对工作成绩显著的班主任给予表扬奖励，等等。

4. 团、队、学生会是德育工作的有力助手

团、队、学生会是学生自己的组织，是学校德育工作中一支最有生气的力量，是学校德育工作的有力助手。学校党组织和行政要加强领导和指导。

（1）要帮助这几个组织了解学校教育工作的要求，明确各个组织的任务，使他们能根据各自任务和工作特点充分发挥组织作用，通过健康有益、生动活泼

的活动，把学生吸引到自己周围；配合学校落实德育大纲和德育纲要的各项要求。各组织的活动，应由他们自己讨论决定，自己组织和主持，学校、教师的责任是调动他们的积极性和创造性，而不要包办代替。

（2）加强指导帮助。对团、队、学生会工作，学校党组织和行政，要列入议事日程和工作计划，每学期要定时召开会议，听取他们的汇报，提出指导性意见。对他们的工作要从人力、物力、财力和时间上给予支持和保证，对工作过程中的重大的问题和困难要及时研究、解决。

（3）关心学生干部的成长，培养学生干部的工作能力。对学生干部在思想上要教育他们树立为同学服务的思想，严格要求自己，密切联系群众，尊师爱校，团结同学，带头遵守学生守则和日常行为规范要求；在工作上要教给他们工作方法，支持他们大胆主动地开展工作，在学习和生活上要多给予关心，处理好工作与学习的关系，防止负担过重，保证他们自己的学习和锻炼的时间，一般宜一人一职，每人每周工作时间一般不应超过三小时。对学习吃力或身体不好的学生干部要及时调整，对其他干部也要定期轮换，不搞"终身制"，这样可以使更多的学生受到锻炼和培养。

（4）协调好行政、教师与团、队、学生会的关系，协调好团、队、学生会之间的关系。共青团是独立的政治组织，是在党领导下进行工作，而不直接受学校行政和教师领导。但学校全部德育工作又是在学校行政直接领导下和具体安排下进行的，因此学校团的工作又必须接受学校行政与教师的指导。校长要组织教师、班主任关心团的工作，协助和指导班级团支部搞好各项工作和活动，共青团组织要尊重学校行政、班主任和教师，主动争取他们的指导与帮助；学校少先队是中国共产党委托共青团领导的少年儿童自己的群众组织，学校行政应加强指导与检查，动员班主任关心、指导队的工作，协助团组织选聘好少先队辅导员；学生会是学生的群众组织，校长要协调好团、队与学生会的关系，设立专职人员主管学生会工作，定期检查指导。

5. 加强对其他各种德育途径和教育活动的领导

中小学实施德育的途径除上述外，还有劳动与社会实践、课外活动、校外教育、家庭教育、社会教育等。学校德育系统管理，也要把它们考虑进去，统一规划和协调，才能收到好效果。

这里指的各种教育活动，是指教学、团、队、学生会的活动之外，学校组织的多种形式的活动。寓思想品德教育于活动之中，是中小学德育的重要经验。因此，学校领导要重视通过组织一些内容充实、形式活泼多样的教育活动来对学生进行思想品德教育，并切实加强对这些活动的领导与管理。

（五）正确处理德育工作中不同层次之间的区别与联系

德育系统是分层次的。系统的层次一般分为纵向层次和横向层次。纵向层次，指根据系统的规模、性质和功能所做的时间、空间上的阶段划分；横向层次，指任何系统都是更大系统的组成部分，是组成更大系统的分系统。

德育管理也要注意到对象间的层次性及其之间的联系。德育工作的纵向层次可以划分为大学、中学、小学、幼儿园的德育；各级各类学校中的高年级、中年级、低年级德育；班级中的先进班级、普通班级、后进班级的德育；学生中的优秀生、中等生和后进生；等等。横向层次有班级德育、学校德育、家庭德育、社会德育等。学校德育中的各种内容都有不同的层次。

要正确处理德育中不同层次的区别与联系。首先，要找出系统内部客观存在的层次，不能主观武断，不能以主观臆造的系统层次代替系统固有的层次；其次，对各层次的特点、功能和行为的规律要认真进行分析；最后，要实行分层管理和控制。

德育管理中的层次管理，首先要按德育的对象划分为不同的层次，使德育工作的进行符合学生身心发展的规律。学生的身心发展是一个不断地由低级到高级、由旧质到新质的连续发展过程。这个过程既可以分为一个个不同质的阶段，又呈现前阶段向后阶段由量到质的相互转化和相互渗透的状态。所以，根据儿童身心发展的阶段性进行德育是十分必要的。不同年级应有不同的要求，要区别对待，不搞"一刀切""一锅煮"。但是，也要看到各阶段之间的联系性，注意到儿童的身心发展的连续性特点。忽略了以渐变形式出现的过渡期，而骤然提高教育要求，加深教育内容，改变教育形式，也会使学生难以理解和接受。其次，要把德育内容层次化、系列化、系统化。比如，同样是进行理想教育方面的内容，不同的年级就有不同的要求及其具体内容和方法，形成不同的系列，从而形成一个科学的、合理的整体教育的系统。

（六）要有合理的教师集体结构

在学校，各种教育因素对学生的教育影响，主要是通过教师的活动来实现的。教师是教育教学系统的主体。在德育工作中，教师通过教书育人来实现德育与智育的联系，但这只是解决了教师个体活动中的德育、智育统一问题。还有另外一方面的问题，即德育管理中教师集体结构如何有利于发挥整体功能的问题。因为教师的工作是一种独立性和个体化很强的工作，他们很容易被局限在所任工作的小圈子里而产生片面性。因此，教育教学工作的整体性与教师工作的局部性之间常常出现矛盾，有时甚至相互掣肘或相互抵消。教育的整体功能常常为此而被削弱。比如，大家要求不一致，弄得学生无所适从；任课教师争时间，向学生压作业而使学生无时间参与各种教育活动；等等。

根据一些小学进行整体改革实验的经验，要建立形成合理的教师集体结构的主要做法如下。

第一，更新教育思想，建立优良教风和团结合作的感情基础。为此，必须组织教师学习现代教育理论和辩证的系统论，以转变教师的教育思想，使他的"兴奋点"集中到促进学生全面发展的目标上，实现七个转变：即改变单纯抓智育或孤立地实施各科教育为各科教育互相促进，保证全面发展；改变只注意抓好本职工作为从整体中看本职工作，使本职工作与整体工作相互协调一致，促进整体化；改变只重视研究"教"为同时研究在教师指导下的"学"；改变单纯传授知识为加强基础，着重培养学生的智力、能力；改变课堂教学的单一途径为课内课外结合施教；改变"平均发展"为"因材施教"；改变封闭式办学为开放式办学。这就使教师能互相体谅、互相支持、互相配合。

第二，通过适当的形式和途径，加强教师之间的联系。主要的途径有：建立班级教导会议制度，把担任某班教育教学工作的教师、辅导员，以班主任为纽带形成新的联系，以定期会议的形式研究教育教学工作和学生学习、品德表现，评议学生，开展课外活动；教师集体参与组织、指导学生开展大型教育活动，目的在于全面了解、关心学生，使活动内容丰富，形式活泼，实现"一举多得"，同时确保学生安全；各科教师都进行家访，集体参加家长会；开展科际活动；经常互相听课，互相配合教育；教育差生有计划地统一行动，集中施加教育影响；等等。

第三，把学校各部门、各单位以及处于各不同层次的人员组成合理结构，形成一个系统整体。

（摘自江月孙：《现代学校德育管理》，广东教育出版社，1990年）

附　录

附录

附录1　江月孙大事年表

1934年8月，江月孙诞生于广东省连平县元善镇的一个中农家庭，父亲江宗仁经营着一家饭店。

1941年，为躲避日本侵略者的飞机轰炸，江月孙全家由元善镇迁到麻陂公社，江月孙也在麻陂小学入读；后几经辗转，在东附城小学（1943—1944年）、元善小学（1944—1946年）完成小学阶段学业。

1946年9月，到连平县立中学（今连平中学）读初中。

1948年，国民党加紧对各阶层人民的剥削压迫，江月孙父亲所开的饭店因金融波动而生意萧条，无法供其读书，读到初二的江月孙就此失学在家。

1950年9月，江月孙的家庭经济在连平县解放之后逐渐好转，得以回到连平县立中学读初三直至毕业。

1951年8月，到连平鹤湖小学担任教师。

1952年2月，在连平县教师培训班学习半年。

1952年9月，到连平麻陂小学担任教师。

1954年，获评连平县优秀教师。

1954年5月，连平县元善镇小学（今连平县第一小学）创办，江月孙担任首任校长。

1954年8月，经时任连平县委书记陈启琳、连平县农机厂副厂长李碧仙介绍加入中国共产党。

1956年6月，任连平县人民委员会文教科人事科员。

1956年9月，进入华南师范学院（今华南师范大学）教育系学习，并认识了妻子黄绮华，其间（1958—1960年）曾兼任华南师范学院附属小学主任（即校长）。

1960年9月，毕业后留在教育系工作，任助教。

1960年11月，任广东教育学会常务理事兼副秘书长。

1962年，与黄绮华结婚。

1964年9月，任教育系办公室主任。

1965年1月，获评"广东省文教系统先进工作者"。

1965年9月，获讲师职称。

1966年6月，任政治系讲师。

1969年8月，任马列毛泽东教育思想教学小组组长。

1973年9月，任教育系教研室副主任。

1975年9月，任教育系党总支副书记、副系主任。

1980年1月，任教育科学研究所副所长。

1982年，获广东省高等教育局教学优秀奖。

1983年5月，获副教授职称。

1983年8月，任教育系副系主任。

1983年10月，任全国学校管理研究会理事。

1984年，任广东教育管理研究会副理事长，后任理事长。

1986年1月，任教育系主任，同年任广东省社会科学联合会委员。

1988年，受英国伯明翰大学教育学院委托，指导其在广州进行调查研究的博士生。

1988年，任全国教育管理学科专业委员会委员，后任副主任委员。

1992年3月，获教授职称。

1995年，获华南师范大学教书育人优秀奖。

1997年，获华南师范大学教学研究成果奖二等奖。

2000年9月，躬耕教坛近五十年的江月孙光荣退休。

2022年12月，在广州逝世，享年88岁。

附录2　江月孙学术著作、论文

一、著作

序号	书名	作者	出版年份	出版社
1	学校管理学概论	江月孙	1989年	海南人民出版社
2	现代教育行政学概论	江月孙、陈德祥	1990年	广东高等教育出版社
3	现代学校德育管理	江月孙	1990年	广东教育出版社
4	简明教育辞典	周德昌主编，江月孙副主编	1992年	广东高等教育出版社
5	班级管理学	江月孙、王新如	1995年	新世纪出版社
6	学校管理学教程	江月孙	1995年	新世纪出版社
7	学校管理学	江月孙、赵敏	2000年3月第1版，2000年7月第2版	广东高等教育出版社
8	学校管理学（新编）	赵敏、江月孙	2008年	广东高等教育出版社

二、论文

序号	题目	作者	发表时间	发表刊物
1	加强教师队伍建设，改革教师工作管理——学习列宁毛泽东邓小平同志关于教师管理问题的思想	江月孙	未注明	广东教育学会第七届年会论文
2	关于学校工作责任制问题的探讨	江月孙	1983年10月（1984年1月修改）	未注明
3	教师的主导作用不容否定	江月孙	1978年10月	华南师院学报
4	中等教育结构改革浅议	江月孙	1979年10月	华南师院学报
5	关于学校管理问题的探讨	江月孙	1980年	广东教育学会1980年年会论文
6	学校管理需要研究的几个问题	江月孙	1980年第3期	教育研究
7	中等教育结构改革浅议	江月孙	1980年1月	华南师院学报
8	广东潮安一中提高教育质量的调查报告	江月孙、邓鹰扬	1980年6月	全国教育学研究会通讯
9	讲礼貌，要注意行为举止表现	江月孙	1980年12月	湛江人民广播电台文明礼貌知识讲座
10	称呼，谈吐，举止	朱仲南、江月孙	1981年第2期	黄金时代
11	为教育学教材的科学化而努力	江月孙、花永泰、吴奇程	1981年2月	全国教育学研究会通讯
12	关于潮安一中全面提高教育质量的调查	江月孙、邓鹰扬	1981年4月	人民教育
13	三十春秋话今昔——献给我院三十周年校庆	朱继琢、江月孙	1981年12月	华南师范学院校庆特刊

（续上表）

序号	题目	作者	发表时间	发表刊物
14	试论学校管理学的研究对象	江月孙	1982 年	广东教育学会 1982 年年会论文
15	新时期教育工作的指针	江月孙、李国拱	1982 年第 2 期	教育研究
16	要重视培养学生的学习信心	江月孙	1982 年 1 月	广东教育
17	现代文明礼貌	冯天正、江月孙、朱泽南、朱仲南、吴奇程、李锡槐、毕锦豪、周建中、惠卿	1982 年 2 月	黄金时代
18	浅析教师劳动过程的特点	江月孙	1982 年第 3 期	华南师院学报
19	浅谈培养优良校风	江月孙	1982 年 10 月	广东教育
20	略论学校工作责任制	江月孙	1984 年 3 月	湖北教育
21	学校工作责任制问题初探	江月孙	1984 年第 4 期	广州研究
22	对中小学实行校长负责制的几点看法	江月孙	1985 年 9 月 21 日（上）、1985 年 10 月 5 日（下）	中国教育报
23	校长负责制刍议	江月孙	1985 年第 10 期	湖北教育
24	浅谈中小学实行目标管理的若干问题	江月孙	1986 年第 1 期	教育管理
25	教育评价概述	江月孙 摘译	1986 年第 3 期	世界教育文摘
26	教育管理学的发展和当前我国研究的课题	江月孙	1986 年第 1 期	高教探索
27	加强和改革我省普教管理工作的几个问题	江月孙	1986 年第 2 期	教育论丛
28	《学校管理学》自学考试大纲	江月孙	1986 年 7 月	成人教育之友

（续上表）

序号	题目	作者	发表时间	发表刊物
29	校长要重视提高教师的师德水平	江月孙	1986年10月	小学德育
30	略论教育管理体制改革的若干问题	江月孙	1987年第4期	教育管理研究
31	关于澳门中小学学制的思考	江月孙、吴奇程	1989年第1期	教育论丛
32	浅谈学校德育管理的基本任务	江月孙	1990年6月	师道
33	提高中小学校长素质的基本依据	江月孙	1992年第5期	中小学管理
34	浅析《教师法》的基本内容及其实施要求	江月孙	1994年第1期	人事管理研究
35	对八十年代以来我国教育管理学发展状况的述评	江月孙、郑文	1996年第1期	现代教育论丛
36	学校管理现代化的探讨	江月孙	1997年第3期	教育管理研究
37	论"以人为本"的学校管理策略	江月孙	1999年第1期	现代教育论丛
38	中小学管理创新初探	江月孙	1999年第6期	广东教育学院学报
39	以"三个代表"重要思想为指导 坚持教育创新	江月孙	2003年第2期	教育管理与督导